庵功雄・田川拓海 編
Edited by Iori Isao and Tagawa Takumi

日本語のテンス・アスペクト研究を問い直す 1

「する」の世界

Reconsidering Tense and Aspect in Japanese
Volume 1
The World of "suru"

ひつじ書房

シリーズ刊行のことば

　テンス・アスペクトは日本語学において早くから注目され、現在にいたるまで多くの研究の蓄積があり、最も研究が進んでいる研究領域の1つであると言える。

　本巻の序論に示すように、文法的対立を軸に精密な研究を展開し、現代日本語のテンス・アスペクト研究の1つの到達点とも言える研究に工藤(1995)がある。日本語学におけるテンス・アスペクト研究の標準的理解として引用されることが多い論考であるが、その出版から既に四半世紀が経過し、この間、テンス・アスペクト研究もその関連領域の研究も大きく発展してきた。

　実際、工藤(1995)をはじめとする従来の「結論」に疑念を抱かせる現象も発見されてきているが、これまで日本語学におけるテンス・アスペクト研究は、他言語との対照や一般言語学的位置付けという観点に乏しく、隣接する他の研究領域との交流にも積極的ではなかった。また、テンス・アスペクトは言語習得や日本語教育という点においても重要な研究テーマである。

　以上の諸点を踏まえ、全3巻からなるシリーズ『日本語のテンス・アスペクト研究を問い直す』を世に送ることとした。全3巻の内訳は、第1巻『「する」の世界』、第2巻『「した、している」の世界』、第3巻『テンス・アスペクトの習得』である。

　本シリーズでは、次のような観点から日本語のテンス・アスペクト研究に対する問い直しという問題提起を行いたい。

1. 現代日本語のテンス・アスペクト研究の蓄積を踏まえつつも、それにとらわれない新たな視点からの研究を行う。
2. 形態論、形式意味論などを含むテンス・アスペクトに対するさまざまなとらえ方を提示する。
3. 他言語や古典日本語などとの比較対照を通して、現代日本語のテンス・アスペクトを一般言語学的なコンテキストの中でとらえる。
4. 言語習得の観点から日本語のテンス・アスペクトをとらえる。

5. テンス・アスペクトを日本語教育の観点（学習者の視点）からとらえる。

　本シリーズの特徴として、テンス・アスペクトという意味概念を1つの軸としつつ、「する」と「した、している」という形態に1巻ずつを割り当てた構成になっているという点が挙げられる。これにより、ムード／モダリティなどの他の文法カテゴリーとの関連付けの問題や、古典語研究や対照研究からの問題提起などを無理なく引き受けることが可能になっている。

　さらに、言語習得を1巻としてまとめたことにより、母語話者にとっての言語体系と非母語話者にとっての言語体系の異なりが可視化され、それを通して、それぞれの立場の研究に刺激を与えることもこのシリーズの重要な狙いの1つである。

　本シリーズは、こうした現在の研究水準における様々な立場からのテンス・アスペクト研究の前線と今後の展望を示すだけではなく、記述的研究、理論的研究、対照研究、習得研究、言語教育といった、ともすれば研究の発展にともなって個々の研究者の往来が困難になりつつある研究領域の相互理解に、新しい知見や可能性をもたらすことを目指している。

　テンス・アスペクト研究には、膨大な先行研究と知見の蓄積があるが、一方で未解決の課題もまた多く、未発見の問題も少なくないにちがいない。本シリーズが、テンス・アスペクト研究のみならず、豊かな日本語研究が展開されるための刺激となれば幸いである。

シリーズ編者　庵　功雄

第1巻 『「する」の世界』序論

　第1巻の序論では、日本語のアスペクト研究を概観する（テンス研究については第2巻で、テンス・アスペクトに関する習得研究については第3巻でそれぞれ概観する）。

　日本語のアスペクト研究は金田一（1950=1976）によって始められたと言える。本巻でも取り上げられているように、現代日本語（共通語）の「〜している」（テイル形）には大きく分けて次の2つの意味がある。

（1）雨が降っている。
（2）子どもたちが公園で遊んでいる。
（3）部屋の明かりがついている。
（4）道端で蛙が死んでいる。

　(1)(2)は「進行中」、(3)(4)は「結果残存」と呼ばれる用法（用法名は研究者間で若干異なる）であるが、金田一は、テイル形がこのどちらの意味を表すかは動詞の意味タイプによって決まると考え、それを次のようにまとめた（金田一 1950=1976: 7–12）。

（5）a.　状態動詞
　　　b.　継続動詞
　　　c.　瞬間動詞
　　　d.　第四種の動詞

　状態動詞は「ある、いる」のようにテイル形を持たないものであり、継続

動詞は「降る、遊ぶ」のように動作・作用が一定時間続いて行われるものであり、瞬間動詞は「つく、死ぬ」のように動作・作用が一瞬で終わるものである。第四種の動詞は「そびえる、(きれいな目を) する」のように (文末では) 常にテイル形で使われるものである。

　このように分類すると、継続動詞のテイル形は進行中を表し、瞬間動詞のテイル形は (基本的に) 結果残存を表すと言える。この金田一分類は、Vendler (1967) に対応し、かつ、それに先行して発表された優れたものである。

　金田一分類は優れたものであったが、(6) のように、瞬間動詞でありながらテイル形が進行中と解釈される場合があるなど、問題点も指摘されていた。

(6)　池の氷が少しずつ溶けている。

　金田一分類に対する根本的な問い直しを行ったのが奥田 (1977, 1978) である。奥田は、金田一分類が「時間」を基準としたのを批判し、「変化」の有無が重要であることを示した。奥田分類は次のように示すことができる (用語は庵 (2017) にそくして変更している)。

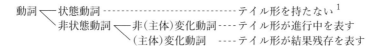

図 1　奥田 (1977) における動詞分類

　奥田はさらに、金田一分類がテイル形という有標の形態しか考慮していない点を批判し、テイル形とル形は未完成相 (imperfective) と完成相 (perfective) として対立するといった形で、テイル形はアスペクトとテンスの複合的な体系をなしていることを指摘している。

　こうした奥田の指摘を受け、国立国語研究所 (1985) などで、出来事の捉え方としてのアスペクトとして、「ひとまとまり」(完成相) と「ひろがり」(未

完成相)の対立が取り出された。その後、これらの言語学研究会の研究を集大成したのが工藤(1995)の次の体系である。

表1　現代日本語(共通語)のテンス・アスペクト体系

		アスペクト	
		完結相	未完結相
テンス	非過去	ル形	テイル形
	過去	タ形	テイタ形

　表1の体系は、現在の日本語学におけるテンス・アスペクト体系の基本的な理解であると言える。しかし、本シリーズで対象とする上記の4形式(ル形・タ形・テイル形・テイタ形)に限定したとしても、そこで述べ尽くされていない問題はいくつも存在する[2]。

　例えば、そもそもこれらの形式の本質的な意味は何であるのか、テンポラルな意味とモーダルな意味との関係、他言語と比較した際に日本語のテンス・アスペクト体系はどのような特徴を示すのか、通時的観点からはどのように考えられるか、言語習得という観点からは表1の4形式の間に違いはあるのか、言語教育の観点から見た場合はどうか、などといった疑問が思い浮かぶ。

　このように、テンス・アスペクト研究には様々な視点、アプローチ、関連領域との連携が可能であり、また必須であると考えられる。

　本シリーズでは、上記のような事情に鑑み、日本語の、そして日本語研究におけるテンス・アスペクト研究を多種多様なアプローチ・視点から問い直す・捉え直すことを目的としている。

　以下、本書に収録された8本の論文について、その内容を紹介する。

　「する」形(ル形)は、テンス的には「非過去(未来)」を表すものとされることが多いが、形態論的観点からは、「無標」の形態とも考えられ、その用法の一部は「不定形」とされる場合がある(三上(1953)ほか)。**田川拓海「不定(形)としてのル形と「か」選言等位節」**は、日本語における「不定形」の

位置づけについて、「か」選言等位節を用いて検討したものである。考察の結果、日本語にも「不定形」が存在すると見なせる経験的事実が取り出されており、今後の活用形に関する形態論的研究への貢献が期待される。

　動作性述語のル形(スル形)は未来を表し、タ形(シタ形)は「過去」または「完了」を表すとされる。また、テイル形(シテイル形)では通常、「持続・結果」(結果残存)と「経験・記録」が区別される。**有田節子「スル・シタ・シテイルの意味をめぐる 3 つの問い」**は、これらの「定説」を意味論的な観点から再検討し、3 形式の「意味」を「定説」のように解釈する必要はないことを示したものである。この「問い直された」結論をいかに記述的研究や日本語教育とつなげていくかが新たな問いとして立てられるだろう。

　現在のテンス・アスペクト体系の標準は工藤(1995)に見られるものである。**仁田義雄「「する」が未来を表す場合」**は、この体系を再検討し、ル形とテイル形の対立は、実際はアスペクト的というより、「スル(未来)－シテイル(現在)－シタ(過去)」というテンス的なものであることを指摘している。さらに、ル形が未来を表すことはあまり多くなく、未来を表す場合、「決定済みの未来」では推量形を付加できないが、「予定された未来」「予測の元における未来」では有標のモダリティ形式が付加できることが示されている。

　日本語のテンス・アスペクトを考える上で、他の動詞類と異なる振る舞いをするのが心理・感情を表す動詞(心理動詞)である。**伊藤龍太郎「一人称単数主語の場合の心理動詞の使用に関する考察」**は、いくつかの基準を設けて、心理動詞の振舞いを詳細に検討したものであり、この分野の実証的研究への貢献となっている。この論文は一橋大学社会学部の卒業論文として提出されたものであり、そのため、論文の体裁が他の論文と一部異なっている。

　「未来」を表す場合、日本語では「だろう」が用いられることが多い。

和佐敦子「Irrealis としての接続法と未来」は、irrealis（未実現）の表現という観点から、日本語とスペイン語を通時的・共時的に比較したものである。古くは、日本語では「む」、スペイン語では「接続法」がirrealisの表現として存在したが、現在は、日本語では「(よ)う」と「だろう」が、スペイン語では「接続法現在」と「直説法未来」が分化している。比較の結果、「だろう」も「直説法未来」もともに、未実現の事態に関する蓋然性の高さという話し手の判断を表すために発達したことが示されている。

　テンス・アスペクトという観点から、日本語と大きく異なる性質を持つ言語に中国語がある。**井上優「中国語の「する」と「した」と「している」」**は、文法カテゴリーとしてのテンスを持たない中国語と日本語における時間の表し方の違いについて論じたものである。テンスについては、日本語では動詞自体に時間的要素が組み込まれているのに対し、中国語では事態の推移を述べる必要があり、アスペクトについては、完了・実現、進行・持続のそれぞれにおいて、動詞接辞、副詞・助動詞、文末助詞を用いて事態の意味が構成的に表されるといった対照研究の醍醐味が味わえる記述が行われている。

　日本語と韓国語は文法体系が似ていると言われるが、テンス・アスペクトに関しては必ずしもそうではない。**高恩淑「日本語と韓国語のテンス・アスペクト形式について──「シテイル」形との対応関係を中心に」**は、テンス・アスペクト体系における両言語の重なりと異なりを考察したものである。比較の結果、韓国語は日本の西日本方言に広く見られるヨル・トル方言に近く、進行中と結果残存を別の形式で表すことや、日本語では同一形式の用法の違いとして現れる区別が韓国語では形式の違いとして現れることが多いことなどが示されている。

　本書では、ル形を中心に、様々な角度から日本語のテンス・アスペクト体系を考察しているが、日本語教育の観点からは別の観点からの考察も必要となる。**庵功雄「テンス・アスペクトの教育」**は、日本語学習者がテンス・ア

スペクト形式(特に、テイル形とテイタ形)を適切に産出するために必要な記述を考えたものである。考察の結果、日本語ではいくつかの文法的手段を組み合わせて数少ない形態で体系全体をカバーしていること、その組み合わせ方は日本語と英語でほぼ1対1対応することが示されている。

　最後に、本書の刊行に当たって、ひつじ書房の松本功氏と丹野あゆみ氏には大変お世話になりました。記して感謝いたします。なお、本書の刊行が当初の予定から大幅に遅れ、内容の一部に変更が生じたことについて、執筆者をはじめとする関係各位に心よりお詫び申し上げます。

2019年9月10日

編者　庵　功雄・田川拓海

注

1　奥田(1977, 1978)では、金田一(1950)の状態動詞と第四種の動詞を一括して状態動詞としている。
2　より広義のアスペクト形式(Aktionsart)を含む、アスペクトに関する極めて重要な研究に森山(1988)がある。

参考文献

庵功雄(2017)『一歩進んだ日本語文法の教え方1』くろしお出版.

奥田靖雄(1977, 1978)「アスペクトの研究をめぐって(上)(下)」奥田靖雄(1985)『ことばの研究・序説』むぎ書房に再録、85–104.

金田一春彦(1950)「国語動詞の一分類」金田一春彦編(1976)『日本語動詞のアスペクト』むぎ書房に再録、5–26.

工藤真由美(1995)『アスペクト・テンス体系とテクスト―現代日本語の時間の表現―』ひつじ書房.

国立国語研究所(1985)『国立国語研究所報告82　現代日本語動詞のアスペクトとテンス』国立国語研究所.

三上章(1953)『現代語法序説』くろしお出版から再版(1972).

森山卓郎(1988)『日本語動詞述語文の研究』明治書院.

Vendler, Zeno (1967) *Linguistics in Philosophy*. Cornell University Press.

目　次

シリーズ刊行のことば　　　　　　　　　　　　　　　　　　　iii
第1巻　『「する」の世界』序論　　　　　　　　　　　　　　　　v

不定（形）としてのル形と「か」選言等位節　　田川拓海　　1

スル・シタ・シテイルの意味をめぐる3つの問い

　　　　　　　　　　　　　　　　　　　　　　有田節子　　25

「する」が未来を表す場合　　　　　　　　　　仁田義雄　　53

一人称単数主語の場合の心理動詞の使用に関する考察

　　　　　　　　　　　　　　　　　　　　　　伊藤龍太郎　75

Irrealis としての接続法と未来　　　　　　　　和佐敦子　123

中国語の「する」と「した」と「している」　　井上　優　141

日本語と韓国語のテンス・アスペクト形式について
　「シテイル」形との対応関係を中心に　　　　高　恩淑　163

テンス・アスペクトの教育　　　　　　　　　　庵　功雄　187

索引　　　　　　　　　　　　　　　　　　　　　　　　　223
執筆者紹介　　　　　　　　　　　　　　　　　　　　　　229

不定(形)としてのル形と「か」選言等位節

田川拓海

1. はじめに

　現代日本語（共通語）の研究において、動詞のスル形／ル形[1]のうち、その一部が「不定形」と呼ばれることがある。

　本稿では、1) どのような現象が不定形としてのル形に該当するのか、2) なぜそれらが「不定形」と呼ばれる／位置付けられるのか、3) それらが「不定形」であることは、どのようなテストによってはかることができるのか、という問題について簡単な整理を行い、先行研究であまり取り上げられてこなかった「か」による選言等位節のケーススタディを提示する。

　本稿では主に生成言語学を中心とする形式的な形態統語論研究の観点から文法的特徴／統語構造、特に時制の有無・種類と形態の対応関係について論じるが、これは日本語の活用研究および節構造の研究においても伝統的な問題と言えるものであり、そこに「不定形」という見方とケーススタディを持ち込むことでどのような知見と展望が得られるのか具体的に論じる。

2. 「「不定形」のル形」の何が問題か

　ル形が「不定形」であると指摘される、あるいは呼ばれるというのは様々な文脈において行われるのだが、おおよそそこに共通しているのは、「テンス性がない」「時制としての文法特徴を持たない」といったことである。

　たとえば、タ形との交替が不可能なことをテンス性の欠如の現れとする可

能性が考えられるが、一口にタ形との交替が不可能と言っても、下記に示すようにいくつかのタイプが存在する。

（1）タ形との交替が不可能なル形
    a. 食べる／＊食べた　<u>前に</u>手を洗いました。
    b. サミットを開催　する／＊した　<u>にあたって</u>警備が強化された。

（福原 2010）

    c. 大学に　行く／＊行った　<u>ように</u>命令した。

  （1a）では「前」が導く従属節であることがル形／タ形の選択に影響していると考えられるし、（1b）では「に」から始まるいわゆる複合助詞であることに原因がありそうである。また、（1c）では「ように」が導く節が「未実現（irrealis）」の特徴を持つことが、タ形の生起を不可能にしているのではないかと考えられる（田川 2009）。

  このように、ル形が生起可能でタ形が生起不可能である環境にもいくつかのタイプがあることが推察される。これらを「不定形」という用語で一括りにすること自体は可能であるが、それだけでは日本語研究における意義は不明瞭であり、不必要な概念を増やしただけという結果にもなりかねない。

  一方、以下見ていくように一部のル形を「不定形」と呼ぶ必要があるという指摘は複数の先行研究で定期的に行われてきており、無視できるものでもない。本稿では「不定（形）」に関連する現象や概念・用語を整理することにより、活用や従属節研究をはじめとした日本語文法研究に新たな視野をもたらすことができるのではないかということを提案する。

3. 研究の背景と用語

3.1 「不定形」とは何か

  時制の有無と形態、特にル形・タ形の現れ方の対応がずれる（ように見える）という現象は、有田（2007）の「不完全時制節」[2] など、従属節研究におい

てたびたび取り上げられてきているが、本稿では紙幅の都合上そのすべてを取り上げることはできないので、あくまでも「不定（形）」という用語を明確に用いている研究からいくつか例示するにとどめる。

　具体的な研究を見る前に、辞書における取り扱いを見ておく。『言語学大辞典』の「不定詞」の項目では下記のような記述が見られる。

（２）　infinitive は不定法、不定形と訳されることも多い。（中略）infinitive
　　　　は、（中略）人称や数などの制限のない語の意味であり、法の一種と考
　　　　えられた。（中略）英語の infinitive（および日本語訳の「不定法」）は、
　　　　このギリシア・ラテン文法の用語をもとに名付けられたものである。
　　　　（中略）一方、不定形という訳語は、動詞の一形態としての infinitive
　　　　という点から名付けられたものであるが、この訳語は、動詞の non-
　　　　finite form の訳語である不定形（ないし非定動詞形）と紛れるおそれも
　　　　ある。なお、non-finite verb form（非定動詞形）とは、人称や数などに
　　　　規定されない動詞の形態で、不定詞は非定動詞形の一種である。

　　　　　　　　　　（『言語学大辞典 第 6 巻術語編』: 1148、下線は筆者）

　この記述を見るだけでも、訳語の問題も絡み複雑な概念であることがわかるが、ここで重要なのは、1）法と形態の 2 つの側面があること、2）人称や数などの有無に関係があること、である。

　本稿では下記に示すように、形態に関する用語としては「不定形（infinitive）」を、法に関する用語としては「不定（法）（non-finite）」を用いることとする。

（３）a.　不定形（infinitive）：人称、数、時制、法などに関しての屈折（形態
　　　　　変化／形態的対応）を持たない形態
　　　b.　不定（法）（non-finite）：「定（finite）」ではない（人称、数、時制、法
　　　　　に関する特定の値／内容を持たない）文法環境

なお、"non-finite"を「不定法」と訳して、文法環境／特徴／構造の問題に言及する際に用いる用語法は日本語研究に限っても三上（1953）などに見られるが[3]、本稿では「不定"法"」を文法（統語）環境を広く指すものとして考え、"non-finite"が狭義の法の一種であると言えるのかという問題自体には踏み込まない。

3.2　日本語における「不定形」は何か

動詞連用形が動詞の活用体系のうちでデフォルトの形態とも言うべき「非該当形（elsewhere form）」である（田川 2009; 2012）という分析に従えば[4]、少なくとも現代日本語（共通語）において、「人称、数、時制、法などに関しての屈折（語形変化）を持たない形」という点で動詞の活用形で「不定形」に最も当てはまるのは連用形である[5]。

一方で、現代日本語を対象とした生成統語論研究ではル形は非過去の時制と対応すると分析されることが多いが、形態上はル形になっているのに時制的特徴が見られない現象の報告も少なくなく（三上 1953; 岩崎 1994; 有田 2007; 福原 2010; 三原 2015 など、cf. Uchibori 2000）[6]、これらを指して「「不定形（infinitive）／不定法（non-finite）」のル形」と言うことがある[7]。以下は三上（1953）により「不定法」に近いとされているル形の例である[8]。

（4）a. 読む、書く、話す、この 3 つが揃わなければほんとうの語学とは言えない

　　 b. 心に思ったままをその通りに書くということはなまやさしいことではない　　　　　　　　（三上 1953: 63、下線は筆者、表記を一部改めた）

ここでは「ル形 - コト」と言い換えられる、あるいは意味が対応するような用法が挙げられているようである。

ここで強調しておきたいのは、重要なのは日本語に不定形が存在するかという問題に決定的な答えを出すことではないということである。「不定（形）としてのル形」をキーワードに、A) 不定（形）としてのル形にはどのような

現象が当てはまりそうか、B）それらはどのような（文法的）性質を持っているのか、C）日本語研究において「定性（finiteness）」をどのように考えると良いか（あるいは考えなくて良いか）、D）関連する現象や概念は理論的にどのように捉えられるのか、といった問題について経験的な研究を積み重ねていくことが重要である。

またそもそも、（不）定性そのものが、現象としても概念としても複合的／多面的なとらえ方をした方が良いものであるし、言語によってもその現れ方は様々であるということは、Adger（2007）、Sells（2007）、Cristofaro（2007）といった、理論的な立場が異なる研究においても一致を見ているという点に注意が必要である。日本語の現象の一部を「不定形」と呼ぶことは、Bloch（1946）の時代であれば卓見であったが、「不定（形）」および関連現象そのものが多様であり現在でも様々な言語で多くの研究が続けられている状況を考慮すると、単に「不定（形）」と呼ぶだけでなく、概念の厳密な定義、他の関連概念との整合性、文法モデルへの位置付けを適切に行わなければ今後の生産的な研究にはつながらないのではないだろうか（cf. 田川 2012: 208–209）。

4. 日本語における「不定形」の範囲と基準

4.1 先行研究：福原（2010）

ある述語の形態、さらに厳密に言えばある述語の形態が現れている文法環境に時制性が存在するか、存在するならそれはどのような性質の時制性なのか、というのを探求した研究は多くあり、その方法や背景にある理論的枠組みも様々である。

本稿では、まず最も明確な基準の1つとして、時制に関わると考えられるタ形[9]との形態的対立を持つかどうかという特徴に着目したい。

この点に関する最も詳細な記述を行っているものに、福原（2010）が挙げられる。福原（2010）は特にル形の不定性に焦点を当てたものではないが、様々なタイプの従属節におけるル形／タ形／テイル形の生起について幅広い調査と考察を行っている。福原（2010）の記述のうち、ル形が現れるがタ形

6　田川拓海

が生起不可能な環境を簡潔にまとめると、おおよそ下記のようになる。

(5) 福原 (2010) の分類におけるタ形と交替不可能なル形が現れる環境 (V は
　　動詞を表す)

　　a.　接続する範疇が動詞のアスペクトを開始／進行相当に限定しタ形が
　　　　現れないタイプ (の一部)[10]：
　　　　V 以前、V 上 (で)、V 前 (に)、V まで、V までに、V 途中 (で)、V
　　　　あいだ (に)、V うち (に)、V なか

　　b.　ル形が動作の全体を現し、その「繰り返し」が含意されるタイプ：
　　　　V ごと (に)、V たび (に)、V につけ

　　c.　ル形が動作の全体を現し、とくに「に」を介在して対応する
　　　　process nominal で置き換えられるもの：
　　　　V かたわら、V とともに、V にあたって、V にしたがって、V につ
　　　　れて、V にともなって、V に至って、V に先立って

　　d.　接続する範疇がアスペクト相を特定せず動作の全体を表しル形のみ
　　　　をとるタイプ (の一部)[11]：
　　　　V ぐらい (なら)、V ことなく、V ことはない、V しか (ない)、V し
　　　　まつ、V だけ (〜する)、V と、V ともなく、V と間もなく、V な
　　　　り V なり、V に (V) れない、V にかたくない、V にたえる、V には
　　　　あたらない、V にはおよばない、V に足る、V ばかり、V べき、V
　　　　べく、V ほか (ない)、V まで (もない)、V もの (がある)、V やら V
　　　　やら、V よう (にする)、V よう (になる)、V より、V よりほかない、
　　　　V わけ (にいかない)、V 一方、V きらい (がある)、V ごとく、V だ
　　　　け、V だに、V ともなく、V どころか、V にかぎる、V まで (のこと)

　　　　　　　　　　　　　　　　　　　　　　　　　　　(福原 2010: 91–94)

　福原 (2010) はこれらの全ての文法環境について詳細な分析を与えている
わけではないが、タ形との交替が見られない要因として、それぞれ次のよ
うな指摘をしている。(5a) では、「前に」などの要素が動詞述語に対して

［-perfect］の指定を持ち、それに該当するル形のみが具現している。(5b)は
「繰り返し」を表すため、完了に関して言及しなくて良く、そのためタ形が
現れない。(5c)の一部については、助詞の前がコト化されている可能性[12]、
また、「Vにあたって」についてはル形も時制形態ではないという可能性に
ついての指摘がある。(5d)については、「ル形が特定の様相を指定せず、
動作・事象の「全体」が概念化され、構文中で「素材化」している」(福原
2010: 76)と述べている。

　(5a)のタイプは相あるいは時制の指定によってル形のみが現れる環境なの
で本稿で言う「不定」には当てはまらないであろう。(5b)のタイプについ
てはあまり言及がないが、(5d)のタイプとの連続性への指摘がされている。
(5c)のタイプは出来事／事態をコトガラとして捉えることとル形の関連への
指摘であり、これもやはり(5d)のタイプとの連続性がうかがわれる。

　このように見てみると、タ形との交替がないル形はおおよそ、相あるいは
時制に関する特徴からその環境にタ形の生起が不可能なものと、動詞句や節
が表わす出来事／事態そのものをル形によって具現化しているものに大別で
きそうである。後者については、先行研究でもル形の「不定」的なタイプ・
特徴について指摘される際に触れられてきたことであるが、なぜそれがル形
によって可能なのか、名詞化や連用形との共通点／相違点について体系的に
考察することが必要である。

　また、1節でも少し触れたように、「未実現(irrealis)」であることによっ
てル形が現れる環境が存在する(田川 2009)。

（6）a. 大学に　行く／*行った　ように命令した。
　　　b. 一人で行くな！

　類型論的にも、命令や指示を表す動詞の補文述語や、否定命令において命
令形が生起不可能な場合[13]に、接続法(subjunctive)、不定法(infinitive)、
直説法(indicative)に対応する形態が現れることが知られている(Han 2001;
Zanuttini 2001 など)。日本語のル形も未実現性によって具現するものがあ

8　田川拓海

るなら、それも「不定」としてのル形の一種である可能性がある。

4.2　時制／法の存在とテスト

　ここでは、簡単にではあるが時制／法の存在を調べるためのテストについて整理しておきたい。よく用いられる判断基準としては下記のものが挙げられる。

（7）　時制の有無をはかるテスト

　　　a.　述語にル／タの形態的対立があり、それによって時制解釈に違いが見られるか[14]

　　　b.　節内に時間副詞が生起可能か

　　　c.　節内に他動詞の動作主ガ格句が生起可能か

　まず、時制解釈のタイプによる分類や分析は従属節研究でもよく用いられる手段であるが（有田 2007; 鬼山 2009 など）、意味論的な分析について丁寧に検討する必要があり、本稿ではこれ以上詳細には立ち入らない[15]。

　次に、最も端的でありかつ統語的なテストとしても期待される時間副詞の生起であるが、一部の従属節ではテストの適用そのものが難しいという難点がある。たとえば、ナガラ節や時間節を形成するシダイ節[16]などでは節そのものの意味的性質から、主節と独立した時間副詞を従属節に生起させることが難しい。下記に見るように、シダイ節では一見従属節の中に時間副詞が生起できるように見えるが、主節と従属節に独立した時間副詞を生起させると容認度が大きく落ちる（田川 2014: 109–110）。

（8）a.　［太郎が明日着き］次第、僕たちもすぐに出発しよう。

　　　b.??［太郎が明日着き］次第、僕たちも午後には出発しよう。

　これは、ナガラ節は 2 つの出来事の同時性を表わし、シダイ節は 2 つの出来事の隣接性を表わすといった節そのものの性質から、そもそも主節と従属

節で時間的に離れた出来事を設定するのが難しいということである。このため、これらのような一部の従属節で時間副詞の生起可能性を時制の有無の直接的証拠として採用するには注意が必要である。

次に、他動詞の動作主ガ格句の生起も有力な証拠の 1 つであるが（Takezawa 1987; Kishimoto 2011 など、cf. 南 1974; 1993, 田窪 1987）、これも述語や項の性質に十分注意を払う必要がある。また、テストとして使える、すなわち「ガ格句が生起可能ならその節内に時制が存在する」と言えるようにするためには、ガ格句の認可と時制要素の関連についてもさらに検証が必要である。

法（modal, modality）要素の存在については、節内に、1）モダリティ形式（ラシイ、カモシレナイなど）が生起可能か、2）モダリティ（叙法）副詞が生起可能か、によるテストが用いられることが多いが（三原 2012; 岸本 2013 など）、次節でも述べるように、モダリティ形式や副詞の種類について慎重に考える必要がある。

他の多くのテストがそうであるように、1 つのテストや基準によって時制や法の有無が決定されるわけではなく、複数のテストや現象を組み合わせて用いることが必要になる。

5. ケーススタディ：「か」選言等位節

本節では、これまでの節構造の研究ではあまり取り上げられてこなかった、不定(形)としてのル形が現れるとされる、「か」選言等位節を取り上げ、ケーススタディとして分析を試みる。

「か」の選言等位とは以下に示すような現象を指す。ここでは、[1] が第一等位節、[2] が第二等位節を示している。以降は作例を中心に議論を進めるが、下記に示すように実例も見つけることができる。

（9） 「か」による選言等位
　　a.「演劇的」というそれ自体 [$_1$ 曖昧な評価で軽く見すごされる<u>か</u>]、[$_2$

敬して遠ざけられる<u>か</u>］したのである。

(佐々木基一『映像の芸術』1993)[17]

  b. 良質のシマアジは、［₁ 漁師達がたまたま偶然に釣り上げる<u>か</u>］、［₂ 定置網に入る<u>か</u>］したものだけが、極少量入荷してくるにすぎない。   (長山一夫『江戸前鮨仕入覚え書き』2004)

5.1　先行研究：岸本（2013）

「か」選言等位節については、あまり体系的な研究がなされていないようであるが、岸本(2013)が詳細な記述と分析を行っている。

岸本(2013)はまず「か」による選言等位を 2 つのタイプに分ける。

(10) a.　［ジョンが　走った　<u>か</u>］［メアリーが　転んだ　<u>か</u>］ だ 。
    b.　［ジョンが　走り　<u>か</u>］［メアリーが　転び　<u>か</u>］ した 。

(岸本 2013: 16)

(10a) は形態的にも等位節内に時制が現れるもので、時制句 (以下 TP) の等位接続と分析されている。これを以下「「だ」タイプ」と呼ぶ。一方、(10b) のように動詞述語が連用形の場合[18]、形態上は時制が現れないが TP の等位接続であると分析されている。こちらを以下「「する」タイプ」と呼ぶ。

一方、岸本(2013)は「する」タイプで動詞がル形の場合についてほとんど触れてはいないが、下記のような言及がある。

(11)「か」に先行する動詞は、終止形あるいは連用形となる。そのため、(10b)のような例では、「走り」と「走る」が使用できる。ただし、過去形の「走った」は許容されない。<u>このことから、(10b)の動詞「走る」は不定形であると考えられる。</u>

(岸本 2013: 15, 脚注 1, 例文番号を改変、下線は筆者)

実際には岸本(2013)はル形の例を示していないが、これを例文で示すと

次のようになると考えられる。

(12) a. ［ジョンが　走る　　か］［メアリーが　転ぶ　　か］だ。
　　 b. *［ジョンが　走った　か］［メアリーが　転んだか　か］した。

　後述するように、筆者の内省では (12b) はそこまで容認度が悪くないのであるが、森山 (1995) にも「「（と）かする」という述語に立つ構造の内部には、未実現の動きしかないようである（シタ、シテイル、形容詞的述語・名詞述語などの状態性述語も来ない）」（森山 1995: 142）という記述があり、下記のような例が挙げられている。

(13) a. *この魚は煮ている（と）か焼いている（と）かして下さい。
　　 b. *この魚は少し古いから、煮た（と）か焼いた（と）かして下さい。

（森山 1995: 142）

　「とか」と「か」をまとめて取り扱っており、また主節の述語末が「して下さい」と未実現の事態を導く形式になっているというような点などを考えるとさらに詳しい検討が必要であるが、複数の話者にとって「する」タイプにおけるル形はタ形と交替が難しい、ということは言えそうである。以下、この「する」タイプの「か」選言等位節がどのような性質を持っているのか見ていく。
　まず、岸本 (2013) は「する」タイプについて、おおよそ次のような分析を提案している。

(14) 第一等位節内には TP 指定部に現れる主語や時間副詞が生起可能なので、（述語には時制形態素が現れていなくても）時制句 (TP) の投射が存在する。

　以下、岸本 (2013) が挙げている証拠を示す[19]。岸本 (2013) の用例ではすべ

12　田川拓海

て動詞が連用形になっているが、筆者がル形も加えた。

(15)時間副詞が生起可能

  a.　[ジョンが昨日　走り／走る　か][メアリーが一昨日　走り／走る
   か]した。

  b.　昨日[ジョンが　走り／走る　か][メアリーが　走り／走る　か]
   した。   （岸本 2013: 26）

(16)主語指向性の副詞[20]が生起可能

  a.　[ジョンが一生懸命に　走り／走る　か][メアリーが一生懸命に
   走り／走る　か]した。

  b.　一生懸命に[ジョンが　走り／走る　か][メアリーが　走り／走
   る　か]した。   （岸本 2013: 26）

(17)モーダルの意味を表わす副詞が生起不可能

  a.　*[ジョンがたぶん　走り／走る　か][メアリーがたぶん　走り／走
   る　か]した。

  b.　{たぶん／むろん}[ジョンが　走り／走る　か][メアリーが　走
   り／走る　か]した。   （岸本 2013: 27）

(18)話者の判断を表わす副詞が生起不可能

  a.　*[ジョンが実のところ　走り／走る　か][メアリーが正直言って
   走り／走る　か]した。

  b.　実のところ[ジョンが　走り／走る　か][メアリーが　走り／走
   る　か]した。   （岸本 2013: 27）

(19)題目や話者にとって既知の情報を示す「なら」が生起不可能

  a.　*[ジョンがここに{は／なら}　走り／走る　か][メアリーがそこ
   に{は／なら}　走り／走る　か]した。

  b.　そこに{は／なら}[ジョンが　走り／走る　か][メアリーが　走
   り／走る　か]した。   （岸本 2013: 27）

 まとめると、「か」等位節内には時間副詞や主語指向性の副詞を認可する

不定（形）としてのル形と「か」選言等位節　13

TP までは存在するが、それより上にある、モーダル／モダリティ関連の要素や主題を認可する機能範疇句／階層が存在しないということである。

　また、岸本（2013）は TP 指定部に現れる主語（≒他動詞の動作主ガ格句、Kishimoto 2011 など）については詳しく検証はしていないが、以下に示すような用例の許容度が悪くないことから、他動詞述語の動作主ガ格の生起についても問題無さそうである[21]。

(20) 昨日のパーティーでは［ジョンがギターを弾くか］［メアリーが太鼓を叩くか］した。

　このような性質を持つ「する」タイプについて、岸本（2013）は部分削除による分析を示している[22]。この分析では「する」タイプに現れるル形をどう導くのかという問題はあるが[23]、統語構造と形態の不一致への分析は与えられている。

(21) a.　［ジョンが走りか］［メアリーが走りか］しなかった。
　　 b.　［ジョンが走り NEG PAST か］［メアリーが走りか］しなかった。

（岸本 2013: 36）

5.2　TP の存在しない従属節との等位

　本節では、岸本（2013）の観察に加えて、統語的に TP を持たない「か」選言等位節も存在するということを経験的に示す。

　以下の例に示すように、「か」等位節は節内に TP が存在しないと考えられるナガラ節と等位が可能である。この場合「する」も現れないため以降「∅タイプ」と呼ぶこととする。

(22) a.　太郎はラジオを聞くかテレビを見ながら勉強する。
　　 b.　太郎は［［ラジオを聞くか］［テレビを見］ながら］しか勉強できない。

c. *太郎は［［花子がラジオを聞くか］［テレビを見］ながら］しか勉強
できない。

(22a)では第一等位節が主節と等位されている可能性もあるが、(22b)では
「太郎が勉強する時は、一緒にラジオを聞くかテレビを見るかどちらかをし
なければならない」という「か」の第一等位節とナガラ節が等位する解釈が
問題なく可能である。また、(22c)を見ると、このような場合他動詞の外項
ガ格句の生起は不可能であることがわかる[24]。これらの現象は、節内に TP
を持たない「か」等位節の存在を示すと同時に、統語的に TP が現れない環
境に生起するル形の一例ともなっている。

　しかし、この議論を成立させるためには「か」選言等位では統語的に同じ
サイズのものが等位されるということを示す必要がある。以下、その妥当性
の検証のために、「か」等位節内の性質がどのような節と等位されるかに左
右されることを示す。

(23)［［太郎が笛を吹くか］［花子が旗を上げ］］次第、出発して下さい。

　先にも取り上げた時間節を形成するシダイ節は、述語が連用形であるにも
関わらず節内には TP が存在すると考えられるが(田川 2014)、上の例に示
すように、「か」等位節と共起した場合、他動詞の動作主格句の生起は問題
無い。これは、「か」等位節の節構造は等位される節と同じサイズになって
いることを示している。

　さらに、「か」等位節は他の活用形との直接の接続も可能である。

(24)未然形

　　［［太郎が旗を上げるか］［花子が笛を吹か］ないで／ずに］出発すること
はできない。

(25)命令形

　　出発したらすぐに、［［太郎が旗を上げるか］［花子が笛を吹k］e］。

不定（形）としてのル形と「か」選言等位節　15

(26) 仮定形

　　　[[太郎が旗を<u>上げるか</u>] [花子が笛を吹<u>k</u>] e ば] 出発できる。

　このように、「か」等位節は様々なタイプの節と等位が可能であり、その性質も等位される節によって異なるが、述語の形態としては常にル形になっている。特に未然形も連用形に該当するような小さな構造を形成すると考えると (田川 2009; 2012)、未然形と等位接続されるル形も「不定」である可能性がある。

　また、これらの様々なタイプの節との等位は、「する」タイプにおいても観察することができる。

(27)「する」タイプにおける様々な節との等位

　　a.　太郎は [[ラジオを聞くか] [テレビを見るか] しながら] しか勉強できない。

　　b.　[[太郎が笛を吹くか] [花子が旗を上げるか] し] 次第、出発して下さい。

　　c.　[[太郎が旗を上げるか] [花子が笛を吹くか] しないで／せずに] 出発することはできない。

　　d.　出発したらすぐに、[[太郎が旗を上げるか] [花子が笛を吹くか] しろ]。

　　e.　[[太郎が旗を上げるか] [花子が笛を吹くか] すれば] 出発できる。

　以上の記述と岸本 (2013) に基づくと、「か」選言等位の第一等位節に生起するル形には、1) 節内に時制句は存在するが形態的に過去／非過去の対立がないもの、2) 節内に時制句そのものが存在しないもの、の２つのタイプが存在する、という結論が導かれる。これはすなわち、時制の点から見るとル形に「不定」と特徴付けられるものが存在することが経験的に示されただけでなく、「不定」のル形 (が生起する節) に複数の統語的タイプが存在することが明らかになったということである。

16 田川拓海

ただし、記述的には下記のような問題がある。それは、先に少し触れたが、そもそも森山（1995）や岸本（2013）が述べているように「する」タイプの「か」等位節内には、本当に時制の要素が現れないのかということである。「する」タイプの等位節内にタ形が現れるものは下記のように実例でも得られ、筆者の内省でも容認度は悪くない。

(28) a. …そのスタート時点で、優れたシェフの下につけ<u>た</u>か、徹底的に基礎をたたき込まれ<u>た</u>かしたのだろう。

(山本益博『マスヒロの 365 日食べ歩き手帳』, 2003)

　　 b. 料亭か高級クラブで、三島が役人と一緒にいるところを、見<u>た</u>か聞い<u>た</u>かしたんだろうよ　　　　（佐竹一彦『警視庁公安部』, 2001）

このような現象を踏まえると、「か」選言等位の第一等位節内には不定ではなく時制の値を持ったル形も生起可能である可能性が出てくる[25]が、一方で上で示してきたように「か」選言等位節における「不定」としてのル形の存在も確かであり、さらに詳細な記述と分析が必要である。

6.　おわりに

6.1　（不）定性の理論的取り扱い

いわゆる「カートグラフィー（Cartography）」研究（Rizzi 1997 など）が盛んになるにつれ、日本語生成文法研究においても Fin (ite) P を用いた分析が増えてきたが、その定義や位置づけは多岐にわたっており、まだ便宜的、あるいは分析上利便性があるために用いられている感が否めず、日本語における（不）定性に関する体系的研究が進められているとは言い難い[26]。

また、たとえば Adger (2007) は、スコットランドゲール語（Scottish Gaelic）のデータを用いて、定性（[Agr] 素性や [T] 素性）が FinP や TP だけでなく、VP の領域にも現れることを示しており、定性、あるいは不定性そのものの統語的研究においては機能範疇階層(≒節構造)と素性の対応関係

を幅広く見る必要がある[27]。

　日本語においては、ル形の「不定」的性質に関する記述的研究および意味論的研究はかなりの蓄積を重ねてきたと言える。形式的な形態統語論研究がそれらの知見と整合的な形で体系的な研究を展開することができれば、日本語の統語論研究、形態論研究の双方に理論の枠を越えた成果をもたらすことが期待される。

　このような状況の中で、「不定形」を積極的に認め、形式的な統語論的研究を提示しているものに三原（2015）がある。三原（2015）では「不定形」の認定基準を次に示すように明確に示している。

(29)　不定形 (infinitive) の認定基準
　　a.　従属節中に現れる（のが原則である）。
　　b.　「る」または「た」の形しか取らず、「る」→「た」、「た」→「る」
　　　　の交替がない。
　　c.　不定形節事態が発話時にも主節時にも投錨しない（ものが多い）。
　　d.　断定を有さない。　　　　　　　　　　　　（三原 2015: 107–108）

　ここでは、ル形以外の形態も「不定形」の対象となり、基準も統語的、形態的、意味的なものが含まれていることがわかる。

　また理論的には、不定形節は他のテンスの値によってその性質が決まる $[\alpha\ \text{Tense}]$ を持ち、統語的には TP までの投射しかないとしている。三原（2015）では他にも ForceP に［+Assertive Tense］、FinP に［+Finite Tense］といった素性を仮定し、Tense 素性の種類と、それらが位置する統語的位置、および動詞移動の到達点の違いによって動詞の各活用形およびそれらが現れる節の振る舞いの違いを導く体系的な分析が示されている。

　三原（2015）では、具体的な形態の具現に関しては不明瞭な部分もあるように見受けられるが、各活用形と節構造および時制の対応関係および不定形の範囲についてかなりの程度明示されており、これからの研究の基盤の1つになるものであると言える。この研究を軸に、今後記述・理論両面において

また新たな展開が生まれると思われるが、そのためには記述のさらなる精密化だけでなく、関連する形態音韻論、形態統語論的な研究も同時に進めていく必要がある。

6.2 課題

「不定(形)としてのル形」の範囲と各文法環境や現象の詳細な調査、時制や法の存在を確かめるテストの精度向上、日本語において定性(に関連する概念／諸現象)を過不足なく捉える理論／モデルの構築と精緻化、文法環境／統語構造と形態の関係性をうまく捉えることのできる理論／モデルの構築など取り組むべき課題は多い。また、不定(形)の問題に焦点を当てたため、「か」節について等位構造という観点からはほとんど踏み込むことができなかった。Hirata (2006); 依田 (2013) 等の日本語の等位構造に関する研究を踏まえた上で、本稿で示したような「か」節が示す文法環境と形態の結びつきがどのように捉えられるのか検討することも重要である。

先行研究でもたびたび指摘されてきたことではあるが、本稿で示した現象だけを見ても、連用形研究において難しい問題である「活用(形)の非一対一対応問題」(田川 2012: 194)が、ル形においても大きく、また複雑な問題であることは明らかである。本稿で示したように細かな記述・研究が行われていない節・文法環境というのは福原 (2010) のリストを見るだけでもまだ多数存在する。そのような言語現象に対する経験的議論を1つ1つ蓄積していくことが第一の課題と言えるのではないだろうか。

付記 本稿は第 135 回関東日本語談話会(学習院女子大学、2014 年 9 月)および日本語学会 2014 年秋季大会(北海道大学、2014 年 10 月)における研究発表を基にしている。発表およびその前後に多くの方からご質問・コメントを得ることができた。記して感謝したい。本稿における不備や誤りはすべて筆者の責任である。また、本研究の一部は、日本学術振興会科研費「屈折・派生形態論の融合のための分散形態論を用いた日本語の活用・語構成の研究」(平成 25 年度～平成 26 年度、研究代表者：田川拓海、課題番号 25770171)、同じく科研費「分散形態論を用いた日本語の時・法と語性の形式的研究」(平成 27 年度～平成 29 年度、研究代表者：田川拓海、課題番号 15K16758)による支援を受けている。

注

1 以降、本稿においては「ル形」「タ形」を用いることとする。

2 「本稿では、基本形とタ形の両方が出現可能で、かつ、基本形が「出来事時＞発話時」という関係に対応し、タ形が「出来事時＜発話時」という関係に対応しているような節を「完全時制節」と呼び、そうでない節（すなわち、基本形かタ形のいずれかしか現れない節、いずれも現れない節、そして両方現れるがそれが発話時との時間関係を反映しないような節）を「不完全時制節」と呼んで区別する。」（有田 2007: 23、下線は筆者）

3 三上（1953）では "non-finite" に「非陳述形」という訳を当てている場合がある。

4 連用形がほぼ語幹そのものに該当する "小さな" 形態であるという見方は、他の様々な分析にも見られる（たとえば、三原 2011; 2012 など）。一方で、動詞連用形（の一部）が文法・統語的特徴と対応する形態であるとする分析もある（西山 2012 など）。

5 連用形を "infinitive" と明記するものには他に Bloch（1946）などがある。

6 そもそも、ル形自体がテンスに（積極的に）関わる形態ではないとする分析（尾上 2001；鬼山 2009 など）もあるが、本稿では紙幅の都合上詳しく取り上げることができなかった。稿を改めて論じることとしたい。

7 また、通時的な研究においては、ル形は「（動詞）基本形」と呼ばれ、その無標性が焦点となることも少なくない（吉田 1991; 土岐 2003 など、cf. 福嶋 2011）。現代日本語においてもル形が「基本形」的性質を持っているのであれば、連用形との役割分担について考える必要があり、非常に重要な問題であるが、本稿の射程をこえるため稿を改めて論じることとしたい。近年の研究の動向としては鈴木（2009）や日本語文法学会第 14 回大会シンポジウム「動詞基本形とは何か」を基にした『日本語文法』14 巻 2 号に掲載の各論文、特に仁科（2014）を参照されたい。

8 三上の不定形に関する考え方については、三原（2015: 14–15，脚注 6）も参照されたい。

9 タ形が時制に全く関わらない形態であるという可能性もあり、実際タ形に時制とは関わらないように見える多種多様な用法が存在することは事実であるが、多くの環境で少なくとも表面的には時制的対立を持ち、またル形よりその分布ははっきりしていると考えられるので（cf. 鬼山 2009; 三原 2015）、決定的な基準とするには今後の検討が必要ではあるが手がかりの 1 つとするには問題無いと考えている。

10 同タイプのうち、「V 最中（に）」は、節内にテイル形のみが生起可能であるとされているため、ここでは除外している。

11 同タイプのうち、「V あまり」「V が早いか」「V もの（なら）」「V や否や」「V だの V だの」は少なくとも表面的にはタ形の生起（の可能性）が指摘されていたので、ここでは除外した。

12 「V のにあたって」など、「の」を補うことができる形式があることなどが根拠として指摘されている。

13 否定命令に命令形が生起不可能な言語はギリシャ語、スペイン語、イタリア語などである。一方で、フランス語、ドイツ語、ブルガリア語などでは否定命令の環境においても命令形が生起できることが知られている。

14 ル形／タ形の形態的対立があるのに時制解釈上の違いが見られない節としては、たとえばホウガイイ節などが挙げられる。

　　a) 明日、自分で図書館に　行く／行った　方がいい。

15 たとえば、岩崎 (1994) によってノデ節・カラ節に現れる一部のル形が「不定形」であるとして提示された分析に対し、鬼山 (2009) はそもそもル形は時制を担う形態ではないという見解を示し、また田村 (2013) はやはりこのような現象も時制的なル形として位置付けられることを示している。

16 時間節を形成するシダイ節は、節内の動詞述語は連用形を取るにも関わらず主節と異なる他動詞の動作主ガ格が生起可能であるなど、興味深い性質を持つ。シダイ節の特徴については田川 (2014) を参照されたい。

17 以下、実例はすべて BCCWJ より採取している。

18 筆者にとっては動詞が連用形の場合はかなり容認度が落ちる。

19 生起可能な要素によって節／階層構造を調べるというこれらのテストは南 (1974; 1993) の研究を嚆矢とする階層論と同様のアプローチである。生成文法のアプローチといわゆる日本語学の階層論の関係については長谷川 (編)(2007)、井上 (2009)、遠藤 (2014) などを、(叙法) 副詞のタイプと統語構造上への位置付けについては三原 (2011; 2012; 2015) も参照されたい。

20 「一生懸命に」は受動文においてもガ格句の被影響者を修飾することから、動作主指向性ではなく主語指向性を持つと考えられる。

　　b)　太郎が一生懸命に花子に殴られた。

21 いわゆる他動詞の動作主ガ格の認可に TP の存在が重要であることは Takezawa (1987) 以来おおむね認められてきたと考えられる。

22 「2つの「か」は異なる機能を果たしていることになる。1つ目の「か₁」が等位接続詞として機能している。そして、2つ目の「か₂」は、統語的には等位接続詞としては働かず、1つ目の接続詞の「か₁」と相関して現れる副詞的な要素として機能していることになる。(中略) 2つ目の「か₂」が動詞に付加しているため、1つ目の「か₁」は統語的には TP を等位接続しているものの、音声形式上の平衡性を保つために、否定と時制要素が (義務的に) 削除されるということである。」(岸本 2013: 25)

23 ル形が具現する具体的なプロセスについては触れられていない。

24 前述のように、ナガラ節では時間副詞によるテストの適用が難しい。

25 これは、岸本 (2013) が義務的であるとしている「する」タイプにおける削除操作を随意的な操作であるとすれば分析できる可能性があるが、そうすると削除の条件を明確にする必要が出てくる。

26 時制の他に、法要素と対応させるもの (長谷川 2010 など)、補文化辞 (comple-

mentizer) ／従属節を導く要素と対応させるもの (Tagawa and Iwasaki 2012; 三原 2015) などがある。一方で、時制要素として不完全な (defective) ル形およびその節構造についても理論的な研究は行われてきた (Uchibori 2000 など)。

27 "... there is no clear mapping from the traditional notion of finiteness to the categories of formal grammar. There are phenomena, and there are attempted explanations of those phenomena which are embedded within a theoretical system." (Adger 2007: 58)

参考文献

有田節子 (2007)『日本語条件文と時制節性』くろしお出版.

井上和子 (2009)『生成文法と日本語研究―「文文法」と「談話」の接点』大修館書店.

岩崎卓 (1994)「ノデ節、カラ節のテンスについて」『国語学』179: 114–103.

遠藤喜雄 (2014)『日本語カートグラフィー序説』ひつじ書房.

鬼山信行 (2009)「ノデ節・カラ節を含む文に現れた異例の事態間の前後関係とスル形の特徴づけ」『文学部紀要』23(1): 17–35, 文教大学.

尾上圭介 (2001)『文法と意味 I』くろしお出版.

岸本秀樹 (2013)「日本語の統語構造：相関等位節から見た階層」遠藤喜雄 (編)『世界に向けた日本語研究』15–43, 開拓社.

鈴木泰 (2009)『古代日本語時間表現の形態論的研究』ひつじ書房.

田川拓海 (2009)「分散形態論による動詞の活用と語形成の研究」筑波大学博士論文.

田川拓海 (2012)「分散形態論を用いた動詞活用の研究に向けて―連用形の分析における形態統語論的問題―」三原健一・仁田義雄 (編)『活用論の前線』191–216, くろしお出版.

田川拓海 (2014)「時間節を形成する形式副詞シダイの性質と節構造」宋協毅・林常楽 (編)『日本語言文化研究第五集』106–112, 大連理工大学出版社.

田窪行則 (1987)「統語構造と文脈情報」『日本語学』5(6): 37–48.

田村早苗 (2013)『認識視点と因果　日本語理由表現と時制の研究』くろしお出版.

土岐留美江 (2003)「古代語、現代語における動詞基本形終止文の機能」『愛知教育大学研究報告 人文・社会科学』52: 63–71.

仁科明 (2014)「「無色性」と「無標性」―万葉集運動動詞の基本形終止、再考―」『日本語文法』14(2): 50–66.

西山國雄 (2012)「活用形の形態論、統語論、音韻論、通時」三原健一・仁田義雄 (編)『活用論の前線』153–189, くろしお出版.

長谷川信子 (編) (2007)『日本語の主文現象　統語構造とモダリティ』ひつじ書房.

長谷川信子 (2010)「CP 領域からの空主語の認可」長谷川信子 (編)『統語論の新展開と日本語研究 命題を超えて』31–65, 開拓社.

福嶋健伸 (2011)「中世末期日本語の〜ウ・〜ウズ (ル) と動詞基本形―〜テイルを含めた体系的視点からの考察―」『国語国文』80(3): 44–64.

福原香織 (2010)「日本語の時制―その形式と解釈のプロセス―」大阪大学博士論文.

三上章 (1953)『現代語法序説』刀江書院.

南不二男 (1974)『現代日本語の構造』大修館書店.

南不二男 (1993)『現代日本語文法の輪郭』大修館書店.

三原健一 (2011)「活用形と句構造」『日本語文法』11(1): 71–87.

三原健一 (2012)「活用形から見る日本語の条件節」三原健一・仁田義雄 (編)『活用論の前線』115–151, くろしお出版.

三原健一 (2015)『日本語の活用現象』ひつじ書房.

森山卓郎 (1995)「並列述語構文考―「たり」「とか」「か」「なり」の意味・用法をめぐって―」仁田義雄 (編)『複文の研究 (上)』127–149, くろしお出版.

吉田茂晃 (1991)「『大鏡』における時制表現の一特徴：時制助動詞のない場合について」『島大国文』20: 29–43.

依田悠介 (2013)「等位構造の形態統語論的研究」大阪大学博士論文.

Adger, David (2007) "Three domains of finiteness: a minimalist perspective" Irina Nikolaeva (ed.), *Finiteness: Theoretical and Empirical Foundations*. 23–58, Oxford: Oxford University Press.

Bloch, Bernard (1946) "Studies in Colloquial Japanese, Part 1, Inflection," *Journal of the American Oriental Society* 66: 97–109.

Cristofaro, Sonia (2007) "Deconstructing categories: Finiteness in a functional-typological perspective," Irina Nikolaeva (ed.), *Finiteness: Theoretical and Empirical Foundations*. 91–114, Oxford: Oxford University Press.

Han, Chug-hye (2001) "Force, negation, and imperatives," *The Linguistic Review* 18: 289–325.

Hirata, Ichiro (2006) "Predicate coordination and clause structure in Japanese," *The Linguistic Review* 23: 69–96.

Kishimoto, Hideki (2011) "Subject honorification and the position of subject in Japanese," *Journal of East Asian Linguistics* 48: 629–670.

Rizzi, Ruigi (1997) "The fine structure of the left periphery," Lilliane Haegeman (ed.), *Elements of Grammar: Handbook of Generative Syntax*. 281–337, Kluwer Academic

Publishers.

Sells, Peter (2007) "Finiteness in non-transformational syntactic frameworks," Irina Nikolaeva (ed.), *Finiteness: Theoretical and Empirical Foundations*. 59–88, Oxford: Oxford University Press.

Tagawa, Takumi and Eiichi Iwasaki (2012) "The Finiteness of Comparative Correlatives and Specificational Pseudoclefts in Japanese and English," 笹原健・野瀬昌彦 (編)『日本語とX語の対照2—外国語の眼鏡をとおして見る日本語』69–80, 三恵社.

Takezawa, Koichi (1987) *A Configurational Approach to Case-Marking in Japanese*. Ph.D. dissertation, University of Washinton.

Uchibori, Asako (2000) *The syntax of Subjunctive Complements: Evidence from Japanese*. Ph.D. dissertation, University of Conneticut.

Zanuttini, Raffaella (2001) "Sentential negation," *The Handbook of Contemporary Syntactic Theory*. Mark Baltin and Chris Collins (eds.), 511–535, Blackwell.

スル・シタ・シテイルの意味をめぐる3つの問い

有田節子

1. はじめに

　本稿は、スル、シタ、シテイルのテンス・アスペクト的意味の研究で特に議論になってきた次の3つの問題を問い直すことを目的とする。

　1）　シテイル形の「持続・結果」と「経験・記録」の用法の分析に、2種類のシテ形を立てる必要があるか。

　2）　動作性述語のスル形は基本的に未来の事象を表すのか。

　3）　シタ形を「完了」と「過去」の二義とする必要はあるか。

　本稿の立場は、前接する述語句の事象タイプと解釈される文脈が適切に与えられれば、スル、シタ、シテイル形（厳密に言えば、シテとイル）には単一の意味を与えるだけでそれぞれの多様な解釈が説明できるというものである。次の2節で本稿の議論で用いる基本的な概念を提示したのち、3節、4節、5節でそれぞれシテイル、スル、シタ形のテンポラルな意味について論じ、6節でテンポラルな意味とモーダルな意味の関係を考察し、7節でまとめを行う。

2. 基本的概念

2.1　事象時、基準時

　本稿では、テンスを「事象を時間的に位置づける文法カテゴリ」と捉え、過去形と非過去形の区別を基本とし、過去形をとるか非過去形をとるかは

「事象時」(事象が成立する時間で、τと記す)と「基準時」(Standard Time (ST と略す))との相対的先後関係によって決まるとする立場をとる。相対的先後関係として、「同時」と「後続」という関係概念を用い、a と b が同時であることを「a = b」、b が a に後続することを「a < b」と標示する。その両方の可能性がある場合には a ≦ b と表す。

現代日本語では、述語文で過去の事態を表現する場合は、－タ(-ta, -da という異形態を含む)という屈折接尾辞で標示し、過去以外の事態は、動詞文では -u または - ru、形容詞文では -i、形容動詞文、名詞文では -da, -dearu という屈折接尾辞で標示する。これを便宜的にそれぞれ「タ形」「基本形」と称し、タ形と基本形で時制形態素のすべてのパラダイムが網羅されているという立場をとり、以下の規則で示す。

(1) 時制形態素選択規則
　　a. タ形：τ < ST　　　b. 基本形：ST ≦ τ

述語のタ形が文字通り過去に位置付けられる事象や状態を指すのは基準時が「発話時」(Utterance Time (UT と略す))の場合(ST = UT)である。(主文末であっても基準時は常に発話時とは限らず、会話あるいは語りの文脈により決まる場合もある。)尚、ここでは事象時も基準時も、そして発話時も時点ではなく一定の幅のある「インターバル(interval)」と仮定する(Bennett and Partee 2004)。インターバル a に別のインターバル b が含まれることは a ⊇ b のように表示する。

アスペクトは「事象の内的な時間構造に関わる文法カテゴリ」と捉え、完成相(perfective)・不完成相(imperfective)の区別を基本とする。完成相は事象が成立する時間全体、不完成相は事象が成立する時間の部分を取り出すものとひとまず捉えることにする。

なお、この章を通してスル、シタという用語で動詞の基本形、タ形を示し、動詞の派生接辞 -te/-de に状態動詞 -i (ru) が続いた形態をシテイルと称することにする。

2.2 「リセット時」という概念（Igarashi and Gunji 1998）

　シテイル形に、少なくとも「動きの持続」、「変化の結果状態」、「経験・記録」、「反復」、「単なる状態」という用法を認めることは、日本語の多くのアスペクト研究における一致した見解と言ってよい（江田 2011 などを参照）。このうち、持続用法と結果状態用法は、前接する動詞が幅のある動きを表す「継続動詞」か、変化の局面を表す「瞬間動詞」かに依存する（金田一 1950）と言われている。

　継続動詞は、幅のある動きを表すだけでなく、「着る」のように内的な限界（「着終わった」段階）をもつ「達成動詞[1]」とそのような限界のない「歌う」や「読む」のような「活動動詞」とに分けられる。

　達成動詞「着る」のシテイル形「着ている」は、持続と結果両方の解釈が可能である。

（2）ケンは今となりの部屋で着物を<u>着ている</u>。（動きの持続）
（3）ケンは今朝からずっとあの着物を<u>着ている</u>。（結果状態）

（Igarashi and Gunji 1998: 82）

　本稿では、Igarashi and Gunji（1998）および Takubo（2011）、田窪（2012）に沿って、達成動詞によって表される事象の時間的性質を開始時（start time (s)）終結時（finish time (f)）、さらに、再び行うことができる状態になる時点としてのリセット時（reset time (r)）とそれらの先後関係により、$s < f < r$ のように表すことにする。

　$s < f < r$ は「着る」のような動詞が表す潜在的な事象の時間的性質であり、「着る」が個々の文の中で解釈されるときは、$s < f < r$ 全体ではなく、$s < f$、$f < r$、あるいは r 以降に焦点が置かれるとする[2]。

　「歌う」のような活動動詞は、歌い始め（s）に比べ歌い終わり（f）は必ずしも顕在的ではない（ただし「一曲歌う」など、文脈により限界が与えられれば、f が顕在的になる）。「着る」とは異なり、歌い終わりが f であり r でもある（$s < f = r$）。

瞬間動詞は Vendler(1967)の到達動詞に対応し、たとえば「倒れる」のような動詞がそれに該当する。s と f が同時で、倒れた状態から元にもどった時点 r が f とは別に設定され、s = f < r のように特徴づけられる。

2.3　全体事象と慣性世界

2.2 で s, f, r によって動詞句が潜在的に表す事象を記述したが、それを「全体事象」と呼び、「e」と表示し、全体事象 e の開始時を s(e)、終結時を f(e)、リセット時を r(e)のようにそれぞれ表す。

ここで、「太郎が家を建てている。」という文によって表される状況について考えてみよう。たとえ、敷地が整備され建材が置かれているだけの状態、あるいは、基礎を固めるためにコンクリートが流し込まれている状態であっても、それが「家を建てる」という全体事象の部分として捉えられていれば、その状況を「家を建てている」と表現することは可能であり、さらに興味深いことに、後日施主の太郎が破産して工事を続けられなくなっても、太郎が「家を建てていた」ことは否定されない。

日本語のシテイル形のみならず、英語のいわゆる進行形にも認められるこのような現象は、「慣性世界(inertia world, Dowty 1979)」という概念によって適切に捉えられる。

（4）Inertia Worlds - are to be thought of as worlds which are exactly like the given world up to the time in question and in which the future course of events after this time develops in ways most compatible with the past course of events. 　　　　　　　　　　　　　　　　　　　　(Dowty 1979: 148)

つまり、「(家を)建てる」が表す全体事象 e は特別なことがない限りやがて遂行されるものとみなされる。「(家を)建てている」は、言い換えれば、全体事象 e が何ものにも遮られずに遂行されるような現実世界の延長としての世界(慣性世界)に基づいて解釈される。全体事象と慣性世界という概念により、シテイル、スル、そしてシタのテンポラルな意味が適切に導かれるの

である。

3. 「経験・記録」のシテ（イル）をめぐる問題

3.1 2つのシテか1つのシテか

　経験・記録（藤井1966, 鈴木1972）解釈のシテ（イル）と動きの持続や結果状態の解釈を持つシテ（イル）は、以下の2つの根拠をもって、別の形式と見なされることがある。1つは持続や結果状態が動詞の語彙的アスペクトに依存するのに対し、経験・記録は、語彙的アスペクトに拘わらないという点で、もう1つは持続や結果状態のシテイルが、「今」「現在」のような現在時を表す時間副詞と共起するのに対し、後者はそのような副詞とは共起せず、むしろ、過去時を表す時間副詞と共起するという点である。

（5）目下のところ山田巡査が容疑者を追跡している。（活動－動きの持続）
（6）現在、河川敷で男が横たわっている。（到達－結果状態）
（7）山田巡査は、数年前に、あの男を追跡している。（活動－経験・記録）
（8）1年前にも、あの男は道路で横たわっている。（到達－経験・記録）

　Ogihara（1998）は、シテイル形のシテ形に〈＋完了〉と〈－完了〉の二種類を立て、「経験・記録」の解釈を持つシテイル形を〈＋完了〉のシテ形に対応させ、「動きの持続」「結果状態」の解釈を持つシテイル形は〈－完了〉のシテ形に対応させることでシテイルの曖昧性を説明している。〈－完了〉のシテ形だけが前接する動詞の語彙的アスペクトに敏感だということになる[3]。

　それに対し、Nishiyama（2006）は、上記のような時間副詞との共起制約について、以下のような例をあげて、疑問を呈している。

（9）現在彼は3回タイトルを防衛している。（「経験・記録」の意味で可能）
（10）フィルムは先週現像に出しています。（「結果」の意味で可能）

Nishiyama（2006）は結果状態、経験・記録を共に完了解釈とし、それぞれ、resultative perfect と existential perfect と称している。シテイル形を「動きの持続／結果」と「経験・記録」とに分けるのではなく、「動きの持続」と「完了(結果状態／経験・記録)」に分ける。

筆者も、（9）を「現在の時点で彼が 3 回の防衛の経験がある」のような解釈として容認できる[4]。（10）も「現像に出す」という事象を写真屋にフィルムを渡した時点までと見れば経験・記録の解釈となり、現像を受け取った時点までとするなら、結果解釈となる。

どのような全体事象の「部分」として動詞が用いられているかによりシテ形の解釈が決まり、それが、動きの持続・結果状態・経験・記録用法であり、シテ形に完了、未完了の 2 種類を立ててこれらの用法を区別する必要はないと言える。

3.2　シテの意味、イルの意味

シテ形の意味を imperfective operator とする Nishiyama（2006: 203）の提案を援用し、以下のようにシテイル形の意味を規定する。

（11）シテイル形の意味
  　a.シテ形は動詞の表す全体事象(e)の部分(e')を取り出す。その際、
  　 i）e' の事象時 τ(e') は、s(e) < τ(e') であるものとする。
  　 ii）事象 e は、すべての慣性世界においてその事象を最大にとるものとする[5]。

（11a-i）の s(e) < τ(e') は、シテイル形が動きや変化の開始局面を取り出せないという側面(Nakatani 2013)を示している。

さて、シテイル形のイルは、起源から見ても、その意味を存在動詞「いる」に求めることに異論はないだろう。ここでは、Nishiyama（2006: 205）、Takubo（2011）、田窪（2012）のイルの状態化機能を援用し、シテ形によって取り出された部分事象 e' を状態にする機能を持つとする。事象は時間の流

れにそって変化する過程を含むが、状態は時間の経過に拘わらず一定である。そのような状態が存在するインターバルを事象時 τ とは区別して、π で表すことにする。この時、基準時 ST は π (e') に含まれ、インターバル π (e') のどこかに置かれるものとする。

(11) b. イルは部分事象 e' をインターバル π に成立する状態（π (e')）に変換する。その際、τ (e') が π (e') の始点になる（s (π (e')) = τ (e'))ものとする。

c. 基準時 ST はインターバル π (e') に含まれる（π (e') $\supseteq$ ST）。

(11a, b, c) に沿って分析してみよう。まず、「歌う」などの活動動詞句によって潜在的に表される事象 e の時間的性質は s < f = r なので、シテ形によって取り出される部分事象 e' の事象時 τ (e') は、s(e) と f(e) の間か f(e) (= r(e)) と同時である。前者はイルにより動いている途中の状態に変換され、後者は動きが終結した（そして、再び動き始めることができるようになった）状態に変換される。それぞれ、動きの持続解釈、経験・記録解釈に対応する。

(12) 活動動詞のシテイル形（ϕ -te-i-）

a. 全体事象(e)の時間的性質：s (e) < f (e) = r (e)

b. ϕ -te による部分事象時 τ (e')：
　　[s (e) < τ (e') < f (e)] または [s (e) < f (e)=r (e)= τ (e')]

c. ϕ -te-i- による状態化した事象時 π (e')：
　　[s (π (e')) = τ (e')] かつ [π (e') $\supseteq$ ST]

(13) a. 歌を歌っている。〈動きの持続〉 s (e) < τ (e') < f (e)

b. 以前この店で歌を歌っている。〈経験・記録〉 s (e) < f (e) = r (e) = τ (e')

到達動詞（「倒れる」など）、達成動詞（「着る」など）についても、それぞれの動詞の表す潜在的事象は s = f < r、s < f < r のように特徴づけられる。到達動詞の場合、部分事象 e' の事象時 τ (e') は、s(e)(= f(e)) と r(e) の間か、

r(e)と同時になる。達成動詞の場合、部分事象時τ(e')は、s(e)とf(e)の間か、f(e)とr(e)の間か、r(e)と同時になる。

(14) 到達動詞のシテイル形(ϕ -te-i-)

 a. 全体事象(e)の時間的性質：s(e) = f(e) < r(e)

 b. ϕ -te による部分事象時τ(e')：[s(e) = f(e) < τ(e') < r(e)] または [s(e) = f(e) < r(e) = τ(e')]

 c. ϕ -te-i- による状態化した事象時π(e')：[s(π(e')) = τ(e')] かつ [π(e') ⊇ ST]

(15) a. 台風で木が倒れている。〈結果状態〉s(e) = f(e) < τ(e') < r(e)

 b. 5年前の大型台風では、大きな木が倒れている。〈経験・記録〉 s(e) = f(e) < r(e) = τ(e')

(16) 達成動詞のシテイル形(ϕ -te-i-)

 a. 全体事象(e)の時間的性質：s(e) < f(e) < r(e)

 b. ϕ -te による部分事象時τ(e')：[s(e) < τ(e') < f(e) < r(e)] または [s(e) < f(e) < τ(e') < r(e)] または [s(e) < f(e) < r(e) = τ(e')]

 c. ϕ -te-i- による状態化した事象時π(e')：[s(π(e')) = τ(e')] かつ [π(e') ⊇ ST]

(17) a. ケンがとなりの部屋で着物を着ている。〈動きの持続〉s(e) < τ(e') < f(e) < r(e)

 b. ケンが格好よく着物を着ている。〈結果状態〉s(e) < f(e) < τ(e') < r(e)

 c. ケンは去年の花火大会で着物を着ている。〈経験・記録〉s(e) < f(e) < r(e) = τ(e')

　ところで、シテイル形とシテイタ形の対立をどう扱うかについては議論が必要である。まず、動きの持続用法や結果状態用法のシテイタ形は、シテイル形が表す動きや状態をいわば過去にスライドしたものとして、すなわち、

π (e') $\supseteq$ ST < UT のように解釈して問題ないだろう。

(18) a.　（そのとき）歌を歌っていた。

　　 b.　さっき、ケンがとなりの部屋で着物を着ていた。

　　　　 以上、過去の動きの持続　π (e') $\supseteq$ ST < UT

(19) a.　（そのとき）台風で木が倒れていた。

　　 b.　昨日の花火大会で、ケンが格好よく着物を着ていた。

　　　　 以上、過去の結果状態　π (e') $\supseteq$ ST < UT

　次に、経験・記録用法のシテイル形とシテイタ形であるが庵（2014）によれば、経験・記録はほぼシテイル形に限られ、かつ、その出来事を直接経験した人はシテイル形ではなくシテイタ形を使う必要があるという。

(20) 容疑者は3日前その店で食事を {aしています／bしていました}。

(21) この人は3日前この店で食事を {aしています／bしていました}。

　その店での聞き込みで情報を得たばかりの刑事は(20b)ではなく(20a)のように言うが、その刑事から尋ねられた店の従業員は(21a)よりも(21b)の方が自然だという。

　確かに、刑事にとって、現在進行中の捜査で得られた容疑者の行動は発話時現在の記録そのものであるからシテイル形が適切だが、実際に目撃したわけでなくとも、刑事が過去の事件を回想して当時の容疑者の行動について述べる際にはむしろ(20b)のように言うだろう。一方、目撃した従業員も記憶をたどりながら再確認する場合には(21a)のように言えそうである。そうなると、シテイタによる経験・記録の表現は、直接体験というよりも、その事象の記録を発話時以前に確認済みであることが重要なのではないか。

　基準時STを「確認した時点」にまで拡張し、発話時以前に確認済みかどうかをSTとUTの先後関係として捉えれば、経験・記録用法も含めてシテイルとシテイタの解釈の違いはテンスの対立であり、それぞれ(22a)(22b)

34　有田節子

のように表せる。

(22) a. シテイル：$\pi(e') \supseteq ST = UT$

　　 b. シテイタ：$\pi(e') \supseteq ST < UT$

経験・記録用法

(23) a.　犯人はこの店で歌を歌っている。

　　 b.　5年前の大型台風では、大きな木が倒れている。

　　 c.　ケンは去年の花火大会で着物を着ている。

　　　　以上、$\pi(e') \supseteq ST = UT$

　　 d.　犯人はこの店で歌を歌っていた。

　　 e.　5年前の大型台風では、大きな木が倒れていた。

　　 f.　ケンは子供の頃に一度着物を着ていた。

　　　　以上、$\pi(e') \supseteq ST < UT$

　なお、到達動詞のうち、単独の事象としてはリセット時が設定できず[6]、s＝fのように特徴づけられる「腐る」や「死ぬ」のような動詞のシテイル形は経験・記録の解釈を持たない。

(24) 「腐る」タイプのシテイル形（ϕ-te-i-）

　　 a.　単独の全体事象(e)の時間的性質：$s(e) = f(e)$

　　 b.　ϕ-te による部分事象時 $\tau(e')$：$s(e) = f(e) = \tau(e')$

　　 c.　ϕ-te-i- による状態化した事象時 $\pi(e')$：$[s(\pi(e')) = \tau(e')]$ かつ $[\pi(e') \supseteq ST]$

(25) a.　冷蔵庫の中で一週間前に買ったキュウリが腐っている。

　　 b.　二週間前には、冷蔵庫の中でいつ買ったか覚えていないキュウリが腐っていた。

　(25a, b) は、キュウリを主体とした単独事象と捉えるならそれぞれ「現在

の結果状態」「過去のある時点における結果状態」であるが、冷蔵庫で頻繁に腐る複数の主体を想定すれば、リセット時が設定され経験・記録解釈も可能になる。

この節では、シテイル形のシテに $s(e) < \tau(e')$ であるような部分事象 e' を取り出す機能と、イルに状態化機能を与えることにより、動きの持続・結果状態、そして経験・記録用法が導きだせることを議論した。

4. スルのテンポラルな意味

4.1 未来時か現在時か

スル形のテンポラルな意味については、動作述語か状態述語かによってその指し示す時間が異なり、動作述語のスル形は未来（「今（から）行くよ。」）、状態述語は現在を指し（「今、忙しい。」）、動作述語で現在を表す場合にはシテイル形をとる（「今、配達に行っている。」）ということが広く認められている。

しかしながら、よく知られているように、動作述語のスル形が発話時あるいは語りの現在を示すと解釈できる例は散見される。(26) は活動動詞の例で、事象の開始も含めた動きの持続を表し、(27) も同様に動きの持続を表す。これらはシテイル形に言い換えることは可能だが、その場合、事象の開始を含む解釈はなくなる。

(26) バッター、打った。伸びる、伸びる。（日本語記述文法研究会 2007: 129）
(27) F099：ふふふふふ。＜間＞ああ、気持ちいい。

M021：動く？

F099：うん、すごく動く。あ。　　　　（名大コーパス data 048–267）

事象の開始時と終結時が同時である到達動詞のスル形は、事象の開始時と同時に終結時を表しうるし（(28), (29)）、達成動詞のスル形も、動作の過程を含みつつ終結を表すことは可能である（(30), (31)）。終結時が顕在的な事

36　有田節子

象を表す動詞においては、スル形が終結局面を表すこともできるのである[7]。

(28)「木村君は彼女のことが心配なのね」木村はうなだれる。その足もとに
　　汗が一滴落ちる。
　　　　　　　　（「女と男の肩書」現代日本語書き言葉均衡コーパス（BCCWJ））

(29) 大学の正門へ折れる、いつもの交差点だ。ぼくは必死でペダルを漕ぎ、
　　信号の真下に止まる。　　　　　　　　（「どこにもない短編集」BCCWJ）

(30) 彼は帰り支度にかかる。持ち帰る書類を茶色の革鞄に入れ、スーツの
　　上着を着る。　　　　　　　　　　　　　（「アフターダーク」BCCWJ）

(31) しかし、もうそこにはグッドの姿はない。ゆっくりドアを閉める。
　　　　　　　　　　　　　　　（「黒いスーツのサンタクロース」BCCWJ）

　このように、スル形は現在時を表すことができ、動詞の表す事象タイプに
より、開始から終結までのいずれの時点の解釈も可能である[8]。現在時を表
すシテイル形と異なるのは、スル形が開始局面を含むのに対し、シテイル形
が含まないこと、スル形が終結時より後を指さないのに対し、シテイル形は
終結時より後も指すことがあるという点である。つまり、従来のように動作
性述語のスル形が未来、シテイル形が現在と単純化して捉えることは必ずし
も適切ではないと考える。

4.2　スル形の意味と未来用法

　本稿では 4.1 のような現象を踏まえた上で、スル形のテンポラルな意味を
以下のように仮定する。

(32) スル形の意味
　　a.　スル形は動詞の表す事象(e)の部分 (e') を取り出す。その際、
　　　　i)　e' の事象時 τ (e') は、s (e) $\leqq$ τ (e') $\leqq$ f(e) とする。
　　　　ii)　事象 e はすべての慣性世界においてその事象を最大にとるもの
　　　　　　とする。

b. 基準時 ST と τ(e') の関係は τ(e') ⊆ ST で、ST は s(e) から f(e) までのどこかに置かれる。(図1に [　] で範囲を示す。)

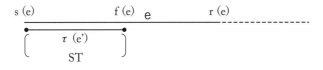

図1

（32a）では、事象全体 e をリセット時までも含めて最大にとるので、スル形によって取り出される事象が開始から終結までであっても、それは「部分事象」となり、スル形をいわば不完成相として扱っていることになる。スル形が動きの持続の意味を持つのは不完成相的側面であり、また、結果の持続を含みとして持つのは、事象が慣性世界において解釈されることによる。

さて、動作述語のスル形を（32b）のように仮定すると、基準時が発話時の場合、スル形は常に現在を表すということになる。スル形による未来用法はどのように扱うか。

スル形で表される「未来」の意味は一様ではない。以下は日本語記述文法研究会（2007: 126–127）で挙げられている例である。

(33) a.　あ、荷物が落ちる。
　　 b.　この電車はまもなく東京駅に到着します。
　　 c.　田中さんは来年退職する。
　　 d.　もうすぐ友人が来る。
　　 e.　来週の金曜日は出張で東京に行きます。
　　 f.　そんなに使うと、そのうちなくなるよ。
　　 g.　たぶん、今日の試合は日本が勝つ。
　　 h.　心配しなくても、きっと見つかる。

このうち、(33a) は未来というよりも、事象の開始時に基準時を置いた解

釈で、何も妨げられることがなければ直後にそれが終結するという意味での「未来」なので、(26)–(31)と同様に(32b)でカバーできる。

一方、(33b–e)は事象時が基準時(発話時)よりも後であることが明らかであり、(26)–(31)や(33a)と同様に扱うのには躊躇がある。

(33b–e)に共通するのは、それを発する時点において、その事象が発話時以降に成立することを話し手が(ある程度)確信をもって述べているという点である。言い換えれば、話し手は発話時において、その事象が成立することを確実とみなす何らかの「根拠」を持っている。bであれば、たとえば列車の時刻表、cであれば、たとえば「退職届」、「定年退職の規程」など、そしてdであれば、たとえば友人との約束などである。eについてもスル形で言い切ることができるには、発話時において話し手に東京出張の「計画」がなければならない[9]。そのような根拠が希薄であれば、なんらかのモーダル要素が文末に付加される。

このような何らかの根拠に基づきスル形によって表される(相対的)未来をカバーするために、(32c)を付帯的に追加する。

(32) c. 事象eの成立を動機づける別の事象pがあり、$\tau(p) < s(e)$ の場合に、基準時 ST が置かれる範囲は $\tau(p)$ まで広げることができる。

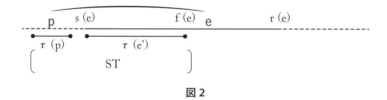

図 2

一方、(33f–h)においてスル形は、仮定条件節や、陳述副詞の「たぶん」あるいは「きっと」が共起する環境に現れており、これらはスルのモーダルな用法としなければならない。次節でシタ形のテンポラルな意味について論じたあと、シテイル、シタと共にこれらのモーダルな意味について6節で考察する[10]。

スル・シタ・シテイルの意味をめぐる3つの問い　39

5.　シタのテンポラルな意味

5.1　シタ形は二義的か（井上 2011）

　シタ形に2つの意味を認めるかどうかについての議論は井上（2011）に詳しい。それによると、シタ形に現在と切り離された過去の用法（シタ A）と、現在と結びついた近い過去の用法（シタ B）の2つを認めることは研究者間に大きな隔たりはないものの、それをシタ形の2つの意味とするかどうかで考え方が異なるという（鈴木 1979、寺村 1984、工藤 1995 など）。

　その根拠の1つが次のような否定応答に関する現象である。

(34) a.　「昨日は朝食を食べた？」……シタ A（過去）
　　　　「うん、（昨日は）食べた。」「いいや、（昨日は）食べなかった。」
　　 b.　「朝食は（もう）食べた？」……シタ B（完了）
　　　　「うん、（もう）食べた。」「いいや、（まだ）食べてない /* 食べなかった。」

　シタ A にはシタ形の否定形が現れているが、シタ B にはシタ形の否定ではなくシテイル形の否定形で応答されている。

　しかしながら、井上（2011: 25）も指摘しているように、ある文脈での対応がただちに体系と結びつくわけではなく、複数の形式が対応する場合や、意味の上で直接関係のないものが対応することもある。たとえば、(35) のいわゆるシタ B の疑問文の否定応答にはシテイナイだけでなくシナイも出現可能である。

(35)（井上から乙に連絡が来ることになっている）
　　甲：井上さんから（もう）連絡来た？
　　乙：a. まだ来ません。
　　　　b. まだ来ていません。　　　　　　　　　　　（井上 2011: 25）

40　有田節子

　このように、シタ A と B を分ける直接の根拠として提示されている（34）
が 2 つのシタを認める強い根拠にはなるとは言いがたい。

5.2　シタのテンポラルな意味

　鈴木（1979）では、シタ B がさらに 3 つに下位分類されており、その解釈
が動詞の語彙的アスペクトに依存している面がある。

（36）発言の直前の動きや変化

　　a.　　あ、電気がきえた！

　　b.　　あ、一塁ランナー走りました！...... 盗塁成功です。

（37）現在の状態に結果が残っている過去の変化

　　a.　　大きくなったね。外であってもちょっと解らないくらいだ。

　　　　　　　　　　　　　　　　　　　　　　　　（鈴木 1979: 43）

　　b.　　泰山木の花がさいたよ。みてごらん。　　　（鈴木 1979: 46）

（38）現在すでに実現ずみであること

　　a.　　「御飯は？」「もう済みました」（暗夜行路）

　　b.　　「やっと起きたね」下から大きな信行の声がした。（暗夜行路）

　　　　　　　　　　　　　　　　　　　　　　　　（鈴木 1979: 48）

　「走る」のような活動動詞（$s < f = r$）であれば、シタ形は動きの開始直後
の動きの持続（「あ、走った、走った」）または終結の解釈（36b）になる。「消
える」「咲く」「済む」「起きる」のような到達動詞（$s = f < r$）であれば変化
の局面を表し、変化の結果状態の持続が含みとして表される（37b）。

　「大きくなる」のような達成動詞（$s < f < r$）の場合、シタ形は基本的に
は過程も含む終結の局面とその結果の持続を含みとして持つ解釈になる
（37a）。活動動詞の終結局面が顕在的でないのに対し、達成動詞は開始局面
よりも終結局面の方が顕在的であることによる。このように、シタ形にも、
動詞の語彙的アスペクトに解釈が依存するというスル形、シテイル形と共通
する面が指摘できる。

そこで、シタ形のテンポラルな意味についても動詞の語彙的アスペクトに依存する以下のような分析を提案する。

(39) シタ形の意味
 a. シタ形は動詞の表す事象(e)の部分(e')を取り出す。その際、
  i) e'の事象時 $\tau(e')$ は、$s(e) \leq \tau(e') \leq f(e)$ である。
  ii) 事象 e はすべての慣性世界においてその事象を最大にとるものとする。
 b. 基準時 ST と $\tau(e')$ の関係は $\tau(e') < ST$ である。

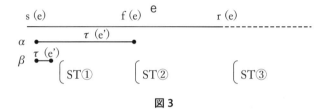

図3

(39a-i) は、シタ形がスル形と同様、事象の開始から終結までを部分事象として取り出し、その際、動詞句の表す事象のタイプが関わることを示している。現在までに何らかの影響が続くような含みは、事象全体を慣性世界において最大にとる (39a–ii) から出てくる。

(39b) は、基準時 ST と部分事象時 $\tau(e')$ との関係、つまりテンス的性質を規定している。$\tau(e')$ が $s(e)$ の直後の局面を切り取る場合(図3のβ)、図3 ST①のように基準時が $f(e)$ よりも前に置かれ、動作が持続中であることを<u>含み</u>として表す。$\tau(e')$ が $s(e)$ から $f(e)$ までを切り取り(図3のα)、$f(e)$ と $r(e)$ の間に基準時が置かれれば(図3 ST②)、結果の持続を<u>含み</u>として表す。これらが近い過去(シタ B)の解釈である[11]。

基準時が $r(e)$ よりもあとに置かれた場合(図3 ST③)、つまり $\tau(e')$ と ST が離れた場合、遠い過去(シタ A)の解釈になる。井上 (2011) が「タイミングの違い」と述べたのはまさにそのことである[12]。

6. スル、シタ、シテイルのモーダルな用法

　スル、シタ、シテイル形が、モダリティ形式を伴わずに「裸で」主文末に現れ、モーダルな意味を持つことがある。本節では、このような用法がどのような特徴を持つか、それぞれのテンポラルな意味とどのように関連づけられるかについて考察する。

6.1　スル形による「意志」と「推量」

　動的述語のスル形の言い切り文が話し手の意志を表現することがある。(40a, b)はそれぞれ(41a,b)のような意志表現に置き換えることができる。

(40) a.　もう部活やめる。
　　　b.　明日、彼に会いに行く。
(41) a.　もう部活 {やめよう／やめるつもりだ}。
　　　b.　明日、彼に会いに {行こう／行くつもりだ}。

　(41)の「～う」「つもりだ」のような意志表現[13] は、行為を遂行する能力を行為者(この例の場合は発話者)が持ち、その事象が基準時(この例の場合は発話時点)に成立しておらず、またその事象が成立することを行為者が望ましいと思っているような状況で適切に発されるものである。

　スル形の言い切りが意志の解釈を持つのも、行為者である発話者にその行為を遂行する能力があり、その行為が発話時点で遂行されておらず、遂行することを望ましいと発話者が思っているような状況で発される場合である。

　「～う」や「つもりだ」との違いが出てくるのは、発話者以外が行為者になった場合や、その意志の表明が発話時以外に発された場合の適切性においてである。「～う」や「つもりだ」ではそのような場合でも条件が整えば適切に発される(42a, b)のに対し、スル形の場合は、発話者以外の行為者の行為や、発話時以外の基準時での意志を表現することはできない((43a, b)、#で示す)。

スル・シタ・シテイルの意味をめぐる 3 つの問い　43

(42) a.　桐島は部活を<u>やめよう</u>と {思っている／思っていた}。

　　 b.　桐島は部活を<u>やめる</u> {つもりだ／つもりだった}。

(43) a. #桐島は部活をやめると思っている

　　 b. #桐島は部活をやめると思っていた。

　これは、話者が発話時点の自分以外の行為について意志を持つことができ
ないことによると考えられる [14]。

　ところで、次の「p スル」は、話し手が p の成立を望ましいと思っている
とはみなしがたい。(以下の例共に福原香織氏のご教示による。)

(44) あ、もうだめ、死ぬ。

　むしろ、p の成立を避けがたい、必然であるとみなす話し手の気持ちが表
されているのであり、このような気持ちは「死のう。」では表せない。

　話し手の意図的行為以外がスル形で言い切られる場合(「桐島は部活をやめ
る。」「あ、もうだめ、死ぬ。」)は、行為者の意志ではなく、話者の(確信をもっ
た)推量の解釈になる。次の(45)、(46)は、その確信の度合いが陳述副詞(「た
ぶん」「きっと」)によって修飾されたもので、(47)は条件節によって推量の
及ぶ範囲が制限されたものだが、いずれもスル形の言い切りで表されうる。
英語であればモーダル助動詞が出現するところである。

(45) たぶん、今日の試合は日本が<u>勝つ</u>。

(46) 心配しなくても、きっと<u>見つかる</u>。

(47) そんなに使うと、そのうち<u>なくなる</u>よ。

　スル形の意志や推量、或いは必然の表現は、話し手の発話時における確信
や願望に依存するモーダルな用法として(33c)の延長上に位置づけられ、そ
のモーダルな意味は、英語のモーダル助動詞の must などと同様、necessity
force を持ち、解釈される会話文脈により認識的モーダルにも動的モーダル

44　有田節子

にもあるいは優先的モーダルにも解釈されるのである[15]。

6.2　シタによる「要求」「決心」「見通しの獲得」

　要求用法は、シタ形だけでなくスル形の言い切りにもある用法で、とも
に、発話現場での実行を要求する場合に限られ（尾上 1982/2001, 鄭 1993）、
命令形による要求が「明日行け。」のように言えるのとは区別される。それ
もあって「差し迫った要求」と言われる。また、命令形とは違って終助詞の
「よ」が後接できない。

(48) a.　さあ、行った、行った。　　　b.　　さっさと出て行く！
(49) a.＊さあ、明日行った、行った。　b.＊明日出て行く！。
　　 c.　明日出て行け。
(50) a.＊さあ、行ったよ、行ったよ。　b.＊さっさと、出て行くよ。
　　 c.　明日出て行けよ。

　まず、終助詞が後接できない点を検討する。ここでは、中田（2009）によ
る言語行為論[16]の観点からの終助詞ヨとネの分析に基づいて考察する。中
田（2009）は、ヨは事前条件を焦点化する機能を持ち、ネは誠実性条件を焦
点化する機能を持つとしている。依頼表現でネもヨも共に後接が可能（「行っ
てください {ね／よ}。」）なのに対し、命令表現ではヨは可能だがネが不可能
である（「行け {＊ね／よ}」）という点について、事前条件が焦点化されて相
手に能力があることやその能力を持つことを話し手が信じること、さらに、
相手に対して権威のある地位にいることが強調されることは問題ないが、誠
実性条件が焦点化されて、相手への願望があることが強調されてしまうのは
命令行為としては適切でなく、それゆえネは命令形に後接しないと説明して
いる。

　さて、（50a, b）として示したように、シタ形やスル形による要求文では、
ネだけでなくヨも後接することはできない。つまり、通常の命令表現とは異
なり事前条件を焦点化することもできないということになるが、これはど の

ように考えるべきだろうか。

シタ形による実行の指令は、直近の過去に終結した（近い過去の）ものとして聞き手に行為を要求する強力な指令と捉えられる。そこでは聞き手にその能力があるかどうかという事前条件が不問に附される。それゆえ、事前条件を焦点化するヨの後接が不適切となると考える。スル形による実行指令も、発話時点に事象が成立することを表すという機能によるもので、シタ形の場合と同様、聞き手の側の条件を考慮する余地はないと言える。

さらに、シタ形の要求用法において未来の時間指定ができないのは、(39b) より、基準時が発話時の場合、発話時以前、つまり過去に事象（の開始局面）が終結していることを示すシタ形の表す意味と適合しないからだと考えられる。スル形についても、その指令はその行為が未来ではなく発話時点で実行されることを求める、つまり、(32c) ではなく、(32ab) で扱われる (33a) に類するものと捉えられるべきであり、未来の時間指定となじまない。

シタ形の「決心」「見通しの獲得」というモーダルな用法についても、直近の過去で、その行為の遂行（「よし、買った」など）や、判断（「このゲームもらった」など）が終結していることを述べたものとして説明できる。

このように、シタ形、スル形による要求およびそれに類する用法の特徴は、それぞれのテンポラルな意味から導き出される[17]。

6.3 シテイルとシタによる「反実仮想」用法

シテイル形とシタ形は反事実的条件文の帰結として、文末位置で反実仮想の解釈を持つことがある。以下は庵 (2014) の例である。

(51) 今お金があったら、私はそのカメラを買っている。
(52) あのときお金があったら、私はそのカメラを買っていた。
(53) この仕事がなければ、明日は釣りに行ったさ。

言うまでもないが、シテイル形やシタ形自体が反事実的な意味を持つわけではない。上記の例で反事実的文脈は反事実的条件節によって導入されてい

る。また、スル形が反事実的条件文の帰結節に出現できないというわけでもない。「この仕事がなければ、明日は釣りに行くさ」を反事実的に解釈することは可能である。

ここで問い直すべきは、反事実的な文脈とシテイル形やシタ形との親和性の高さという点である。

シテイル形から検討する。(51)が発話される現実の状況では、話し手はお金を持っていない。(51)は「お金がある」という現実とは矛盾する状況以外についてはできるだけ現実と変わらない状況において、「カメラを買う」が成立することを述べている。ここでシテイル形が好まれるのは、田窪(2008)やヤコブセン(2011)でも述べられているようにイルの状態化機能((11b))によるものと考えられる。現実の状況に近い非現実の状況で、ちょうど現実世界の基準時と対応する時点に、「カメラを買う」という事象が成立した状態でありうることを表すのに、シテイル形が選ばれているのである。

さらに(52)のシテイタ形は、(22b)で規定したように、基準時が発話時ではないことを明示する。このような機能により、現実世界に位置づけられないことを表す反事実的言明に出現するのだと考えられる。

(53)は、反事実的現在の状況についての条件文だが、発話時以後に成立する事象を表す主節にシタ形が現れている。厳密に言えば、「明日」はまだ来ていないので、釣りに行く可能性は残されているのだが、スル形ではなくシタ形で表すことにより、「明日」が現実世界の延長としての慣性世界ではなく、基準時(発話時)以前に分岐した現実世界とは異なる世界であることが明示的になる。

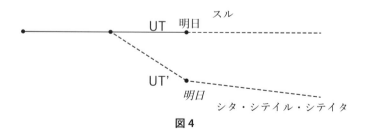

図4

この節では、スル、シタ、シテイル形のモーダルな用法の特徴が、最終的にはそれぞれのテンポラルな意味と、それが解釈される文脈によって説明できること、また、通常のモダリティ形式による表現とは一線を画す性質があることについても考察した。

7. 終わりに

スル・シタ・シテイルのテンス・アスペクト研究における3つの基本的な問題について議論した内容は以下のようにまとめることができる。

まず、スル、シタ、シテイル形のテンポラルな意味については、動作性述語によって表される事象全体を慣性世界において最大にとった上で、スル、シタ、シテ形のいずれにも、部分事象を取り出すという機能を与える。

シテ形により取り出された部分事象がイルにより状態化されるという機能を認めることにより、動作の持続(状態)、結果状態、そして経験・記録を持つという解釈が出てくる。したがって、「持続・結果」のシテイル形と「経験・記録」のシテイル形の分析に、2種類のシテ形を立てる必要はない。

動作性述語のスル形によって取り出された部分事象の事象時に基準時が含まれる。基準時が発話時の場合、スル形は現在時を表す。スル形が未来時を表すのは、当該事象の成立を動機づける別の事象が発話時に成立している場合であり、スル形が基本的に未来時を表すとは言えない。

シタ形の「完了」と「過去」は、シタ形によって取り出される部分事象と基準時が接近しているかどうかによって出てくる解釈の違いであり、2種類のシタ形を認める必要はない。

謝辞　本稿は、JSPS 科研費 24520482 および 15K02540 の助成を受けて行った研究の一部である。本稿を執筆するにあたり、田村早苗氏、堤良一氏、中田一志氏、福原香織氏に貴重なコメントをいただいた。ここに記して感謝の意を表する。

注

1 ここでは、Vendler (1967)、Dowty (1979) に沿い、状態動詞 (states)、活動動詞 (activities)、達成動詞 (accomplishments)、到達動詞 (achievements) という 4 分類に従う。

2 Igarashi and Gunji (1998: 86) では view という概念を用い、〈s, f〉を basic view、〈f, r〉を resultative view としている。金水 (2000) でも同様に、運動動詞が表す出来事の時間構造を「(準備的段階)—開始段階—過程—終了限界—結果状態—結果状態の終了限界」のように捉えた上で、この構造のどの部分を持つかによって動詞の意味的特徴がわかるという見解を示している。

3 福嶋 (2002, 2004, 2011) によると、経験のシテイルはシテイル形そのものの存在が指摘された時期よりも遅れて文献に登場したという。

4 この議論を厳密に成立させるには、当該解釈が「3 連続防衛」のような複合事象に関する「結果状態」でないことを確認しておく必要がある。(田村早苗氏のご教示による)。

5 Nishiyama (2006: 204) は、部分事象 (e') が完全に部分である場合と、事象全体と同一である場合に分け、それが持続 (progressive) 解釈と完了 (perfect) 解釈にそれぞれ対応するとしている。ここでの完了には、いわゆる結果状態と経験・記録の両方を含んでいる。本稿は、$s(e) < \tau(e')$ が常に成り立つとするので、e' は常に e の「部分」であると考える。

6 Igarashi and Gunji (1998: 87) では nonrecoverable transitional achievement として「死ぬ」、「腐る」があげられている。日本語記述文法研究会 (2007:109) では継続動詞の主体変化動詞の変化が非可逆的なタイプとして「腐る」「治る」「老いる」などがあがっている。リセット時を設定して、多回事象にすれば、記録解釈も可能となる。

7 (26)〜(31) はいずれも、実況・眼前描写、あるいはト書きのような例で、スル形が現在を表すのはこのような例に偏る面がある。対話において発話時現在に成立する事象を表現することの多くが実況中継的・眼前描写的になったり、目の前で起こっているかのように語ることがト書き的な表現になったりするのはスル形に限ったことではなく、シテイル形でも同じである。

8 竹内 (2014) は古代語の動詞の基本形の選択に「事象の形が関わっている (p.5)」とし、動詞自体のアスペクト的意味により「弱進行態、強進行態、動作の結果、変化の結果」という諸局面を表していると述べている。本稿は現代語のスル形においても、このような面を積極的に認めるという立場である。

9 筆者は有田 (2004, 2007) で「既定性 (settledness)」という概念を導入して、日本語のスル形・シタ形の時間的性質を分析している。発話時点において真か偽か決まっている命題を既定命題とし、動詞述語であれば典型的にはシタ形の言い切り文、そして、シテイル形によって既定命題が表されるとした。そこでは、(33b-e) のように、発話時においてその事象が成立することが確実とみなせるなんらかの

根拠があってスル形で述べられている命題を「既定が見込まれる命題」とした。Copley (2009) においても英語の進行形や現在形のように未来を表す形態素がない形式が未来を表すのに、話し手の plan の存在が必要であることが述べられている。

10 スル形が過去を表すように見える例もある。工藤 (2014) は評価感情の現在用法と呼んでおり、話し手の非難が含みとしてある。

・「ひどく憤らせちゃったもんだな」

「お前が変なこと言うからだ。あれでは憤るよ。だいたい、遠山が起きなくてもいいのに起きたりするからだ」　　　　　　　　　　　　（工藤 2014: 170）

岩崎 (1994) および田村 (2013) でとりあげられている「非難」が関わる因果構文との関連も考慮する必要がある。

11 「服を着る」のような達成事象のシタ形が「動作持続」の解釈になるには、かなり特殊な条件を整える必要がある（「お、マリ、制服着た。」田村早苗氏のご教示による）。これは、達成事象の場合、開始時よりも終結時が顕在化され、特別な文脈がない限り、終結時に基準点が置かれることによると考えられる。

12 タ形には、「発見、思い出し、知識修正」と言われる用法があり、これらの述語は動作性ではなく状態性で、その状態自体は過去から現在まで続いているのだが、それを「発見する・思い出す」またはそれを認識することによって「知識を修正する」のが発話時の直前なのである。

　［さがしていた本をカバンの中に発見して］あ、あった。（発見）

　彼の電話番号はこの番号だったかなあ。（思い出し）

　正解は C でした。（知識修正）（以上、定延 2004 を一部修正）

　本稿の分析対象は動作性述語のタ形なので、これらを扱う余裕はないが、過去から続く状態を話し手が認識する局面が切り取られ、その直後に ST (= UT) が置かれると捉えれば、(39) でカバーでき、定延 (2004) も言うように、これらの例をモーダルな用法として別扱いする必要はないと考える。

13 Portner (2009) に従い、文モダリティを認識 (Epistemic) モダリティ、優先的 (Priority) モダリティ、動的 (Dynamic) モダリティに分類する。意志 (volitional) は動的モダリティに入る。

14 田村早苗氏のご教示による。

15 本稿は、モーダル表現の意味を可能世界の量化によって捉え、その量化力により necessity force と possibility force に分ける Kratzer (1981, 1991) に従う。特に、その force を段階的 (graded) であるとする立場をとる。そこではモーダルな意味が accessibility relations だけでなく accessible worlds 間の順序 (ordering) にも依存するとし、universal quantification に対応する (simple) necessity とは別に、社会通念や話者の観念等によって順序づけられた可能世界において解釈される human necessity という simple necessity よりも弱い necessity が導入されている。本稿は、スル形に simple necessity force だけでなく human necessity force も認める。

16 中田 (2009) によると、サール (Searle 1979) では、「命令」は「依頼」「懇願」とと

もに、話し手(S)が聞き手(H)にある行為(A)をさせるための試みとして見なされる「指令型 (directives)」の発語内行為とされ、適切性条件はつぎのように規定される。

命令(指令型)の適切性条件：

a. 事前条件：S は H に対して権威ある地位にいる。H は A をする能力を持つ。S は H が A をする能力を持つと信じる。S と H の両者にとって、通常の事態の進行において H が A をすることは自明ではない。

b. 誠実性条件：S は H が A をすることを欲する。

c. 本質条件：H に A をさせる試みとして見なされる。

d. 命題内容条件：A は H による将来の行為である。

17　なお、スルについては、「使ったら片付ける！」「親の言うことは聞く！」「茶碗は手に持つ！」のように時間を超越した命令とも言える用法もある(福原香織氏の指摘による)。これらは、「使ったら片付けるのは当然である」のように補うことができることからも、優先的モダリティの用法と分析すべきではないかと考える。

参考文献

有田節子 (2004)「(不)完全時制節と日本語条件文」京都大学博士論文

有田節子 (2007)『日本語条件文と時制節性』くろしお出版

有田節子 (2015)「差し迫った命令」に関する覚え書き—日本語のテンスとモダリティの接点—『九州大学言語学研究』35

庵功雄 (2001)「テイル形／テイタ形の意味の捉え方に関する一試案」『一橋大学国際教育センター紀要』4, 一橋大学

庵功雄 (2014)「テイル形、テイタ形の意味・用法の形態・統語論的記述の試み」『日本語文法学会第 15 回大会予稿集』

井上優 (2011)「動的述語のシタの二義性について」『国立国語研究所論集』(1), 21–34

岩崎卓 (1994)「ノデ節、カラ節のテンスについて—従属節事態後続型のルノデ／ルカラ—」『国語学』179, 114–103.

奥田靖雄 (1977)「アスペクトの研究をめぐって—金田一的段階—」『宮城教育大学国語国文』第 8 号, 85–104.

尾上圭介 (1982)「現代語のテンスとアスペクト」『日本語学』1 巻 2 号, 17–29.

尾上圭介 (2001)『文法と意味 I』くろしお出版

金水敏 (2000)「第 1 章　時の表現」『日本語の文法 2　時・否定と取り立て』3–90. 岩波書店

金田一春彦 (1950)「国語動詞の一分類」『言語研究』15, 48–63.（金田一春彦編『日本

語動詞のアスペクト』(1976), 5–26. むぎ書房　所収)

工藤真由美(1995)『アスペクト・テンス体系とテクスト』ひつじ書房

工藤真由美(2014)『現代日本語ムード・テンス・アスペクト論』ひつじ書房

江田すみれ(2011)「『ている』の論理的な文章中での使われ方―「効力持続」「長期的な動作継続」を重点にして―」『国立国語研究所論集』2, 19–47.

定延利之(2004)「ムードの「た」の過去性」『国際文化学研究 : 神戸大学国際文化学部紀要』21, 1–68.

定延利之(2006)「心内情報の帰属と管理」中川正之・定延利之編『シリーズ言語対照2　言語に表れる「世間」と「世界」』167–192. くろしお出版

鈴木重幸(1972)『日本語文法・形態論』むぎ書房

鈴木重幸(1979)「現代日本語の動詞のテンス―終止的な述語につかわれた完成相の叙述法断定のばあい―」言語学研究会(編)『言語の研究』5–59. むぎ書房

田窪行則(2008)「日本語の条件文と反事実解釈」『日本文化研究』第28輯, 21–45.

田窪行則(2012)「時間の前後関係としての日本語テンス・アスペクト:「V たまえ」「V るあと」がなぜ言えないのか」『日本語文法』12(2), 65–77.

竹内史郎(2014)「事象の形と上代語アスペクト」青木博史・小柳智一・高山善行(編)『日本語文法史研究』2, 1–20. ひつじ書房

田村早苗(2013)『認識視点と因果―日本語理由表現と時制の研究』くろしお出版

寺村秀夫(1984)『日本語のシンタクスと意味Ⅱ』くろしお出版

鄭夏俊(1993)「日本語における『ル』・『タ』形とモダリティ―文末形式を中心に―」『早稲田国語学研究と資料』17, 24–34.

中田一志(2009)「発話行為論から見た終助詞ヨとネ」『日本語文法』9–2, 19–35.

日本語記述文法研究会(2007)『現代日本語文法3 アスペクト・テンス・肯否』くろしお出版

福嶋健伸(2002)「中世末期日本語の〜タについて―終止法で状態を表している場合を中心に―」『国語国文』71(8), 33–49.

福嶋健伸(2004)「中世末期日本語の〜テイル・〜テアルと動詞基本形」『国語と国文学』81(2), 47–59.

福嶋健伸(2011)「〜テイルの成立とその発達」青木博史編『日本語文法の歴史と変化』119–149. くろしお出版

藤井正(1966)「『動詞＋ている』の意味」『国語研究室』5. (金田一春彦編『日本語動詞のアスペクト』(1976), 97–116, むぎ書房　所収)

ヤコブセン M. ウェスリー(2011)「日本語における時間と現実性の相関関係―「仮定

性」の意味的根源を探って─」『国語研プロジェクトレビュー』No.5, 1–19.

Kratzer, Angelika (1981) The Notional Category of Modality. In *Words, Worlds, and Contexts. New Approaches in Word Semantics*, edited by H. J. Eikmeyer & H. Rieser, 38–74. Berlin: de Gruyter.

Kratzer, Angelika (1991) Modality. In *Semantics: An International Handbook of Contemporary Research*, edited by Arnim von Stechow & Dieter Wunderlich, 639–650. Berlin: de Gruyter.

Bennet, Michael and Partee, Barbara H. (2004) Toward the logic of tense and aspect in English. In *Compositionality in Formal Semantics: Selected Papers by Barbara H. Partee*, 59–109. Blackwell Publishing, Malden.

Copley, Bridget (2009) *The Semantics of the Future*. Routledge.

Dowty, David (1979) *Word meaning and Montague Grammar*. Dordrecht: Reidel.

Igarashi, Yoshiyuki and Gunji, Takao (1998) The temporal system in Japanese. *Topics in constraint-based grammar of Japanese,* ed. by T. Gunji and K. Hasida. 81–97. Dordrecht: Kluwer.

Nakatani, Kentaro (2013) *Predicate Concatenation: A Study of the V-te V Predicate in Japanese* (Studies in Japanese Linguistics 12). Tokyo: Kuroshio Publishers.

Nishiyama, Atsuko (2006) The Meaning and Interpretations of the Japanese Aspect Marker *-te-i-, Journal of Semantics* 23 (2), 185–216.

Ogihara, Toshiyuki (1998) The Ambiguity of the *-te iru* Form in Japanese, *Journal of East Asian Linguistics* 7, 87–120.

Portner, Paul (1998) The Progressive in Modal Semantics. *Language* 74, 760–787.

Portner, Paul (2009) *Modality*. Oxford University Press.

Searle, John R. (1979) *Expression and Meaning: Studies in the Theory of Speech Acts.* Cambridge University Press. (山田友幸監訳『表現と意味 言語行為論研究』(2006) 誠信書房)

Takubo, Yukinori (2011) Japanese expression of temporal identity: temporal and counterfactual interpretation of *tokoro-da*. Dikken, M. den and B. McClure (eds.), *Japanese/Korean Linguistics* 18, 392–409, Center for the Study of Language and Information, Stanford.

Vendler, Zeno (1967) *Linguistics in Philosophy*. Ithaca: Cornell University Press.

「する」が未来を表す場合

仁田義雄

1. はじめに

　ここでは、以下のようなことどもを考察する。まず、「する」という語形（以下「ル形」と呼ぶ）が他の語形とどのような対立をなし、1つの形態論的な体系・形態論的なカテゴリをなしているのかを概観する。次に、テンス表示から解放されている場合を含め、ル形の表すテンス的意味のありよう・タイプにどのようなものがあるのかを瞥見する。最後に、ル形が未来を表す場合について、それがどのような場合に可能になるのか、さらに、ル形が未来を表すときの特性を、テンス形式が現在や過去を表す場合におけるありようとの異なりに留意しながら見ていく。

2. ル形の形態論的位置づけ

2.1 テンス・アスペクトからした動詞の形態論的体系

　「スル」と「シタ」に対して、後者が「動詞＋タ（助動詞）」という形態連鎖であるのに対して、前者が動詞だけの形態である、という立場・考え方が不十分であることは、次のような文群を十全に説明できないことからも明らかであろう。

（1）　昨夜彼は彼女に手紙を書いた。
（2）　明日彼は彼女に手紙を書く。

（3）＊明日彼は彼女に手紙を書いた。
（4）＊昨夜彼は彼女に手紙を書く。

　動詞に助動詞が付くという分析では、「書イタ」については、動詞「書ク」に過去を表す助動詞「タ」の付加した形式として、テンスの存在を取り出すことができ、過去を表示する〈時の成分〉の共起した（1）が適格文であるのに対して、未来を表示する時の成分の共起した（3）が逸脱文であることが説明できる。それに対して、「書ク」については、動詞のみで他に何も付加されていないことから、「書ク」という形態におけるテンス的意味の存在を明確に指摘できず、付加形態を有していないにも拘わらず過去を表示する時の成分が共起した（4）がなぜ逸脱性を有するのかが、明示的に説明できない——複数性を形態的に焼き付けられた「人々」では、「多数の人々」が適格であり、「＊一人の人々」が逸脱性を有しているのに対して、数に関する付加形態を帯びない「人」は、「多数の人」であれ「一人の人」であれ、共に適格な存在になる、ということと比較せよ——。「書ク」という形態が（ある構文位置においては）既にテンス的意味を帯びた形式である、という位置づけ・捉え方が必要になる。「書イタ」が過去というテンス的意味を担った形式であるだけでなく、「書ク」も既に未来というテンス的意味を担った形式である、ということである。「書ク」「書イタ」を、〔書ク―書イタ〕の対立として位置づけ、ル形・タ形というテンス語形として捉え、それぞれをテンスという〈文法カテゴリ〉の構成員と位置づけることが必要になる——もっとも、言うまでもないことではあろうが、「スル」「シタ」はテンスだけを帯びる形態ではない——。
　さらに、「スル」「シタ」は1つの類をなし、それぞれ「シテイル」「シテイタ」に対して、

（5）　昨日彼の部屋を覗いたとき、彼は薬を飲んだ。
（6）　昨日彼の部屋を覗いたとき、彼は薬を飲んでいた。

が示すように、ある基準時(この場合「昨日ノ私ガ彼ノ部屋ヲ覗イタ時」)に、ある事態(この場合[彼ノ薬ヲ飲ム]という動き)の、始まりから終わりまでの全体が成立・存在することを表す「スル／シタ」(上の例では(5))と、基準時に存在し捉えられているのは、事態の始まりと終りとを基準時の外に追いやった事態のさなか・内部である「シテイル／シテイタ」(上の例では(6))、という異なりが存する。つまり、(5)の場合、話し手は[彼ノ薬ヲ飲ム]という事態を始まりから終わりまで見ていたことが表されているが、(6)では、話し手は飲み始めと飲み終わりは見ていない、見ているのはその最中のみである。これらの異なりを表す文法的意味を担い分ける形態的対立が、いわゆるアスペクトと呼ばれる文法カテゴリである。通例、「スル／シタ」は完結相と呼ばれ、「シテイル／シテイタ」は持続相と呼ばれる。

「スル」「シタ」「シテイル」「シテイタ」という形式の有する共通性と相違を、テンス・アスペクトによる動詞の形態論的な対立として捉え、1つの形態論的な体系として位置づけたのが、奥田靖雄を中心とする言語学研究会である。彼らは、これらの4形式を、

$$
\begin{array}{ccc}
\text{スル} & \text{──} & \text{シテイル} \\
| & & | \\
\text{シタ} & \text{──} & \text{シテイタ}
\end{array}
$$

という関係にある存在として位置づけた。これらの形式を1つの体系の中において、その共通性と異なりを共に捉えることを意識的に行ったことは、言語学研究会の大きな成果である。このことがテンス・アスペクトの研究を前進させたこともまた事実である。

ただ、この4つの形式による体系は、概略的把握においては正しいとしても、上図のように等分・均等に対立しているわけではない。以下のような問題点が存する。「シタ」と「シテイタ」は、過去というテンス的意味を共有し、アスペクトにおいて完結相と持続相を表すことにおいて対立する。「スル」と「シタ」は、完結相というアスペクト的意味を共有し、テンスにおいて、(基本的・一次的用法での)未来と過去を表すことにおいて対立する。

さらに、「シテイル」と「シテイタ」は持続相というアスペクトを共有し、現在・未来——基本・中心は現在にある——と過去を表すというテンス的意味において対立する。それに対して、「スル」と「シテイル」は、アスペクトにおいて完結相と持続相という異なりを担うだけでなく、テンスにおいても、未来と現在(・未来)という異なりを有している。

シタ		スル
シテイタ	シテイル	

図1 テンス・アスペクトからした形態論的体系

テンス・アスペクトが最もはなやかに展開する具体的な現象・顕在的な動きを表す場合にあっては、タ形は過去を表し、ル形は未来を表すものの、現在は〈テイル形〉を借りなければならない。「紙を4つに切ります。」と言いながら切ってみせる、などのような特殊な例外を除いては、この場合、テンスにあっては、〔スル―シテイル―シタ〕という形態的な対立を形作る。また、現在においては、「彼は毎朝1時間軽めの運動をする。」「彼は毎朝1時間軽めの運動をしている。」の近似性が示しているように、完結相・持続相というアスペクト対立が中和ないしは存在しない。具体的な現象・顕在的な動きを表す事態に対しては、テンス・アスペクトの形態論的体系は、図1のようになる——もっとも、言語学研究会においては、このようなことは前提・承知の上での4形式対立の提案であろうと思われるが、やはりそれにしても明確にしておく必要があったろう——。

2.2　事態の類型によるテンス・アスペクトの形態論的体系の異なり

　前節では、テンスにおける〔スル―シテイル―シタ〕の対立、現在時におけるアスペクト対立の欠如、テイル形が現在を基本・一次的としながらも——現在における持続相であるとともに、通例、現在は持続相を取ってしか表しえないことにおいて、テイル形は、持続状態化というアスペクト的意味を担うことによって、まず現在を表すテンスの表示形式である——未来にお

ける持続相をも表しうる、という図1を、具体的な現象・顕在的な動きを表す事態に対するテンス・アスペクトの形態論的体系として提案した。図1が具体的な現象・顕在的な動きを表す事態に対するもの、ということは、事態より正確に言えば事態の表す意味的類型が異なれば、テンス・アスペクトの形態論的体系が異なる、ということでもあった。

　ここでは、意味的類型からした事態のタイプとして、動き・状態・属性の3種を取り出しておく。動きと状態は、具体的な一定の時間帯に出現・存在する事態であり、属性は、基本的に属性の所有者とともに在る事態である。事態の出現・存在が具体的な一定の時間帯を占めるに過ぎない、つまり事態の存在が一時的である、ということを、時間的限定性を有していると呼んでおく。動きと状態は時間的限定性を有している。それに対して、属性では、属性そのものが時間的限定性を持つことはない。一時的存在である動きと状態は、時間の流れの中で発生・展開・終了という時間的展開——これを時間的展開性と仮称——を持つか否かで分かたれる。時間的展開性を持つのが動きであり、時間的展開性を持たないのが状態である。

　動き・状態・属性は、概略次のように規定できよう。〈動き〉とは、具体的な一定の時間の中に出現・存在し、それ自体が発生・展開・終了していく、という時間的な内的展開過程(瞬間的である場合を含め)を有する事態である。〈状態〉とは、具体的な一定の時間の中にしか存在しないものの、展開過程を持たず発生の端緒をも取り出せない同質的な、モノの一時的なありよう、といった事態である。〈属性〉とは、変わることがあっても、時間の流れの中で一時的に発生・出現してくるモノのありようではなく、所有者であるモノとともに在ると捉えられている、モノのありようである。

　テンス・アスペクトの現れ、そのあり方から動き・状態・属性を特徴づければ、次のようになろう——以下のことは何も目新しい考えではない——。

　動き——中核的で典型的なそれは、具体的な現象として現れる顕在的な動きである——は、テンスとアスペクトが分化・存在している。分化・存在しているが、既に見たように、それぞれの表示形式は、等分・均等にそれぞれの意味を分有・表示しているわけではなく、図1のような体系を呈してい

る。テンスは、〔スル―シテイル―シタ〕の対立を取る。テンス・アスペクトが共に固有の形式――「シタ」と「シテイタ」――を持ち、十全に分化し機能しているのは、過去テンスの場合である。

　状態では、一時的な存在であることからテンスは存するものの、時間的展開性を持たないことによりアスペクト（さらに言えばアクチオンスアルト（Aktionsart））を有さない。(a)「彼は自宅に居た。」、(b)「彼は自宅に居る。」、(c)「明日彼は自宅に居る。」から分かるように、状態を表す事態にあっては、タ形が過去を表し、ル形は(b)が示すように、まず現在を表す。ル形が未来を表すのは、(c)が示すように、「明日」のような未来時を指示する語の共起や、文脈などの助けにより、未来であることが分かる場合である。「彼は留守だった。」、「彼は留守だ。」、「明日彼は留守だ。」や「俺、お腹が痛かった。」「俺、お腹が痛い。」から分かるように、ル形という呼び方を、形容詞述語や名詞述語の基本形に拡張した場合にあっても、このことは同断である――形容詞述語の基本形が未来を表しにくいことについては、仁田（2010）参照――。状態における動詞の形態論的な対立は、

　　〔スル（現在・未来）―シタ（過去）〕

といったものになる――「スル」に対して、未来を現在より小さくしてあるのは、未来が現在に対して二次的な存在であることを示している――。

　状態にどのような述語や事態が含まれるかは、状態に対する規定だけでは不明確である。規定のし方と大いに関係しているものの、選り分ける統語的な証左の提示が必要であろう。状態には、アスペクト（およびアクチオンスアルト）が存在しないことを受け、これらの表示形式がこれらの意味を表したうえで共起することはない。つまり、「テイル」や「(シ)カケル」「(シ)テシマウ」などの形式が付かない、ということである。したがって、これらの形式が共起する場合、それは状態でなく動きである、というのが私の立場である。

　感情や感覚を表す動詞は、ル形で現在を表示することもあって、状態に入

れられることがある。ただ、「君がそんなことをすれば、彼、呆れるよ／君がそんなことをしているので、彼、とても呆れているよ」や「うっかり喜びかけた」「とても感激してしまった」「少し痛みだした」などが言えることから、これらは、周辺的な存在ではあるものの、やはり動きを表している——私の立場では、動きと状態とは統語的証左によってそれなりに選別できるものの、状態と属性は、それらの事態の存在時間帯の捉え方によって連続していく。「彼は病気だ」は、臨時的でありしたがって一時的な事態であることによって、状態であり、「彼は丈夫なたちだ」は彼が具有する属性である。では、「彼は病弱だ」「彼は健康だ」はどちらにより近いのだろうか——。

　属性は、時間的限定性を持たず、所有者とともに在るモノのありようであった。その存在を一時的な時間帯に限定されず、したがって、当然時間の流れの中での展開性も生まれようがない。属性はアスペクト類を持たない。また、一時的な時間帯に存在する事態でないことによって、属性でのル形（類）・タ形（類）——「切リ立ッテイル」のようなものに対しては、全体で属性を表す動詞として捉え、そのル形と位置づけておく——は、通例、発話時に対する事態の存在の位置の表示という、まともなテンスを表すものではない。

　「Ａさんは京都生まれです。——調べてみたらＡさんは京都生まれでした。／亡くなったＡさんは京都生まれでした。」や「あの山は北壁が切り立っている。——あの山は北壁が切り立っていた。」から分かるように、属性を表す事態にあっては、ル形（基本形）は恒常的に存する属性を現在において捉えたことを表し、タ形は、事態に対する過去における認識および主体が現存しないことによる所有者とその属性の結び付きの過去性を表す。このような属性のル形・タ形の対立は、

〔スル（恒常的属性の現在）—シタ（認識時の過去／属性主体の非現存）〕

のようになろう。

　もっとも、属性といえども変わらないわけではない。「ここの床は石畳だっ

た。今は臨時的に<u>木製だ</u>。だが来年からは<u>コンクリート製だ</u>」や「彼、あの頃かなり<u>太っていた</u>。今はほんの少し<u>太っている</u>。」が示すように、変化しうる属性にあっては、直前・直後や近接した過去や未来は表せないものの、状態の場合と類似したあり方で、タ形で過去を表し、ル形で基本的・一次的に現在を、二次的に未来をも表しうる。

　具体的な現象として現れる顕在的な動きを表す事態類型にあっては、既に触れたように、テンスは、〔スル―シテイル―シタ〕の対立によって実現される。そのことを示している実例を挙げておく。

（1）由布子「サンドイッチ食べない？」／香織「……はい……」／由布子「朝ごはん<u>食べたの</u>？」／香織「え、まだですけど……」／由布子「じゃ、一緒に食べよ……」　　　　　　　　　　（じんのひろあき「シ・桜の園」）

（2）直子「ねえ、おいしくないの」／進「おいしいよ」／直子「いやいや<u>食べている</u>みたい」　　　　　　　　　（荒井晴彦「シ・リボルバー」）

（3）小夜子のアパート・DK、後片付けを終った剛が濡れた手を拭いて、剛「ロールキャベツとこれ、作っといたから後で温めて<u>食べる</u>んだよ」と冷蔵庫に料理をしまう。　　　　　　　　　（中島丈博「シ・おこげ」）

（4）珠子「訳なんか別にないけど……ネ。何だか<u>厭きた</u>のよね……」／まき子「書くことに」／珠子「ううん、書くことだけじゃなくて、色々なこと……」　　　　　　　　　（川島透「シ・野蛮人のように」）

（5）リー・クアンユー・シンガポール前首相、昨日退任。長男を後継者に指名せぬ理由を聞かれて「息子は自分に特徴が似過ぎている。国民は31年に及ぶ私の治世に<u>飽きている</u>」　　　　（「天声人語」90.11.9）

（6）霞「……あなたはきっと私に<u>飽きる</u>わ。そんなに長く、続かないわ」　　　　　　　　　　　　　　　（荒井晴彦「シ・ひとひらの雪」）

（1）の「食ベタ」が過去を、（2）の「食ベテイル」が現在を、（3）の「食ベル」が未来を表している。同様に、（4）の「厭キタ」が過去を、（5）の「飽キテイル」が現在を、（6）の「飽キル」が未来を表している――「飽キル」のよう

な動詞は、状態を表す動詞に入れられることもある。しかし上掲の例からもやはり非典型・周辺的存在ではあるものの、動きを表す動詞とするほうが妥当だろう。また、この種の動詞のル形未来用法は稀——。

（7）東京地裁は 12 日、昨年 10 月の再入札で 2 番目の価格を提示した企業への売却手続きを進める方針を明らかにした。24 日売却の可否を決定する。　　　　　　　　　　　　　　　　　　　　（「朝日新聞」14.3.13）

（8）横断幕のほか、スタンドで警備員が聞いた差別発言についても裏付け調査を進めている。〜クラブ職員の処分についても「断固とした対応をする」といい、13 日にも調査報告を J リーグへ報告する。
　　　　　　　　　　　　　　　　　　　　　（「朝日新聞」14.3.13）

上掲のような実例も、タ形が過去、テイル形が現在、ル形が未来を表すことをよく示している。上の新聞は 2014 年 3 月 13 日の朝刊である。13 日が現在になる。したがって、（7）が示すように過去の 12 日の事態がタ形で、未来の 24 日に行われる事態はル形で表示されている。朝刊であることによって、（8）のように、13 日の朝以後のことは未来になりル形が使われ、現在も続いている事態をテイル形が表している——過去や未来とは異なって、現在にあっては、持続相というアスペクト的意味が現在というテンス的意味に融合し溶け込んでいる——。

3.　ル形の表すテンス的意味

3.1　ル形の表すテンス的意味の概観

　動詞の意味的タイプやその動詞述語が作る文の事態の意味的類型の異なりによって、ル形の表すテンス的意味が異なってくることは、既によく知られたことである。

　「居ル、有ル」などの状態を表す動詞は、「彼は今アメリカに居る。」や「今も俺は借金がたくさんある。」のように、ル形が現在をまたいで存在してい

る事態を表している。状態を表す動詞ではル形が現在を表す。さらに、「該当スル、値スル」などのような属性——ここでは関係も属性の一種として扱う——を表す動詞は、「彼の行為は軽犯罪に該当する。」や「彼の業績はノーベル賞受賞に値する。」のように、ル形が、属性存在の、時間からの解放（非限定性）、恒常性を表す。

　また、通例は具体的な現象として現れる顕在的な動きを表す動詞であっても、「彼はこのところ朝は6時に起きる。」や「彼女はスワヒリ語を流暢に話す。」のように、繰り返し現れる潜在的な動きや属性表示として働く可能態としての動きを表す場合、ル形は（広げられた）現在や時間に限定されない恒常性を表す。

　これらのことは既によく知られていることなので、ここではこれ以上立ち入らない。

3.2　未来を表さない動き動詞のル形

　以下、上で触れた、動き動詞が繰り返し現れる潜在的な動きや属性表示として働く可能態としての動きに移行した場合でないにも拘わらず、動き動詞のル形が未来を表していない場合について瞥見する。

　テンスは、その出現を、発話・伝達のモダリティ——命令や意志の場合、事態は未実現であり、テンスは現れない——や文の構造位置による制約を受けている。たとえば、(a)「彼に会うなら、その件を伝えて下さい。」、(b)「彼に会ったなら、その件を伝えて下さい。」や(c)「母が来るので、部屋を片付けた。」を見てみよう。(a)(b)が示すように、ナラ節の述語位置でのル形・タ形の対立はテンスを表すものではない。(c)のノデ節の述語位置でも、ル形は、主節事態の成立時より後を表すものの、未来を表すわけではない。このようなテンスがまっとうに現れない構造位置でのル形については触れない。

3.2.1　事態のみを表示するル形

　以下で見るものは、少しばかり詳しくなっているが、近似するものが、寺

村（1984）でも「時間と無関係な確言的陳述」として述べられている。ここでは、連続していき区別の難しいところがあることを認めつつ、それを「事態表示」と「時からの解放」に分けておく。

　まず「事態表示」類から瞥見していく。

（1）1841年　土佐の中浜万次郎、鳥島に漂着。その後、米国の捕鯨船に救助される。　　　　　　　　　（『新版日本語教育事典』日本語教育年表）

（2）1851年　オランダ　ライデン大学教授ヨハン・ホフマン、最初の日本語教授となる。　　　　　　　（『新版日本語教育事典』日本語教育年表）

事態表示のル形として、まず年表での記述を取り上げる。タ形がまったく現れないというわけではないが、上掲のようにル形が使われることがほとんどである。これらは、いずれも過去に起こった動きである事態がル形で表示されている。ル形として形態上実現しているが、ここでは、ル形は、事態という内容が形成されるために取ったまでの形態で、テンスが付加される以前の存在である、という位置づけをしている。(2)の「ナル」について言えば、［ライデン大学教授ヨハン・ホフマンガ最初ノ日本語教授トナル］という事態内容を表すのみである。この種のル形が、テンス以前の単なる事態表示に過ぎないことは、年表の記述では、(1)の「漂着」に見られるように、事態が語幹のみの述語で形成されることが少なくない、ということからも分かろう。この種のル形は不定形とでも呼べる用法のものであろう。

　次に挙げるト書きでのル形も「事態表示」であろう。

（3）人ごみの中を、軽い酔いに身をまかせて珠子が来る。通りの反対方向から英二が急ぎ足で歩いて来る。よそ見をしている珠子、ひょいとよろめいた瞬間に英二とぶつかる。珠子、バランスをくずして尻もちをつく。英二はそのまま歩き去る。　　　（川島透「シ・野蛮人のように」）

（4）ヒロキ、机に向かって、ぼんやりカメラ雑誌をながめている。ドアを開けてタツ子、入って来て、部屋の中を見回す。

（剣持亘他「シ・さびしんぼう」）

ト書きは、出演者がその場面・シーンで行う演技を指示したものである。その場面で行うべき演技の種類が、行い方とともに指示されている、といったものである。ここでのル形も、やはり事態内容の形成段階のものと位置づけてよいだろう。(4)の「ナガメテイル」が示すように、(持続)状態という事態も事態内容の1種であり、テイル形が現れても事態表示の段階に止まることには留意しておいてよい。また、(3)(4)からも分かるように、事態と事態の時間的先後関係を表す〈タクシス〉は、事態表示の段階のル形・テイル形でも、完結・(持続)状態および事態の線条的配列によって表される。

　次の操作型が不特定多数の繰り返し事態を表すのに対して、以上見た2種のタイプは個別的な事態を表している。

　さらに、いわゆる操作型の文も、このタイプに入れられそうである。

(5) ①日本語入力を<u>オンにする</u>　②キーボードから文字を<u>入力する</u>　③【Enter】を押して<u>確定する</u>（「NEC LaVie　操作マニュアル 2000 版」）
(6) 1 器に牛肉を広げ、こしょう、レモン汁、オリーブ油を<u>回しかける</u>。
　　2 さんしょう、薄く切った削ったパルメザンチーズを<u>のせる</u>。

（栗原はるみ『私の贈りもの』）

上掲の(5)(6)が操作型の例である。(5)は「ひらがな文字の入力」の操作手順を示したものであり、(6)は「カルパッチョの作り方」の手順を示したものである。操作型にあっては、ガ格(主語)が現れてくることはない。ただ、ガ格は、読者(聴者)一般という2人称者である。2人称者であることを受け、操作型は、年表での文やト書きなどに比して、事態内容の表示から文へと一歩歩を進めているものと思われる。事実、操作型では、

(7) **2. エンピツで大まかに<u>描く</u>**　構図が決まったら、エンピツで下書きを

始めます。後で修正しやすいように、自分の目に見える程度にごく薄く描きます。**3. 実景と見比べる**　スケッチブックを揚げ持ち、実景と見比べます。橋と山並みの大きさのバランスを確認し、極端に違っていればここで修正します。　（NHK『趣味悠々・日帰り風景スケッチ』）

のように、年表での文やト書きにはまず現れることのない丁寧体──〈丁寧さ〉という文法カテゴリ──が現れている。丁寧さは聞き手を相手どる文法カテゴリである。その出現は、表現を事態内容の表示から文そのものにより近い段階へと押し上げる──ここでは、文の形成に対して、事態の核の部分の描き出し、それにいろいろな文法的意味が加わり、最終的に発話・伝達的なモダリティ（ないしはそれに対応するもの）を帯びて、言語活動の単位たる文が形成される、という階層過程的形成観を取っている──。（7）にあって、丁寧さを帯びずル形のみで表示された手順の段階を示す表現と、丁寧さの現れた手順段階ごとの下位操作の表現との文性とを比較すれば、このことは分ろう。

3.2.2　時からの解放

　「事態表示」を表すル形は、文が形成されていく過程において、テンスが付加される以前の形成物を作るために使われる形態である。それに対して、ここで扱う「時から解放されたル形」は、単に事態内容の形成という段階を越え、既にテンスが付加された段階にある表現を作っているが、ただ、問題とされている期間事態が常に成り立つ場合や、事柄やモノが存在する限り成り立つ（と捉えられている）事態を表しているものである。「2 に 2 を足すと 4 になる。」のようなル形を、その極とするものである。

　まず、この種の「時からの解放」の例として、法律の文を取り上げる。

（8）日本国民は、正義と秩序を基調とする国際平和を誠実に希求し、国権の発動たる戦争と、武力による威嚇又は武力の行使は、国際紛争を解決する手段としては、永久にこれを放棄する。

（「日本国憲法」第９条第１項）

（９）裁判所では、日本語を<u>用いる</u>。　　　（「裁判所法」第 79 条）

（10）すべての児童は、ひとしくその生活を保障され、<u>愛護されなければな</u>
　　<u>らない</u>。　　　　　　　　　　　　（「児童福祉法」第１条第２項）

　　国及び地方公共団体は、児童の保護者とともに、児童を心身ともに健
　　やかに育成する責任を<u>負う</u>。　　　　　　　　　　　　（同第２条）

　のようなものがそれである。(8)の「放棄スル」、(9)の「用イル」、(10)の「負
ウ」のいずれにあっても、ル形は、これらの法「憲法」「裁判所法」「児童福
祉法」が存続したり変更されたりしない限り、常に成り立つ事態を表してい
る。法律の中に現れる文が、既にテンスが付加された段階の表現であること
は、(10)の「愛護サレナケレバナラナイ」のように当為評価のモダリティを
帯びた文の出現からも分かろう。

　　次に、事典類の事項説明の文を取り上げる。

（11）【ミシシッピーワニ】北アメリカにすみ、おもに魚を<u>食べる</u>。卵は、植
　　物を重ねて作った巣に産み、めすが<u>守る</u>。卵は、かえる前に声を出し、
　　めすはそれを聞いて巣を<u>開く</u>。　　（文研出版『文研の学習図鑑 動物』）

（12）【ユリノキ】日本には明治初期に<u>渡来した</u>。〜。５〜６月に直径５〜６
　　センチで帯黄緑色のチューリップに似た花が<u>咲く</u>。

（山と渓谷社『日本の樹木』）

　などがこれである。これらのル形も事態が常に成り立つことを表す。時から
解放されたル形である。ただ、これらはもはや、動きを表しているものの、
その動きは類全体に対して成り立ち、事態としては既に属性に移行してい
る、と捉えたほうが適切なのかもしれない。(12)の「渡来シタ」は、タ形で
あるにも拘わらず、総称名詞、類に対する事態であることによって、属性読
みも可能になるといったものである。

4. ル形が未来を表す場合

　状態動詞のル形が現在を表すのに対して、動き動詞のル形は、具体的な現象として現れる顕在的な動きを表す場合は、未来を表し、繰り返し現れる潜在的な動きを表す場合は、未来も表すが現在を表す、ということは既によく知られたことである。ここでは以下、動き動詞が具体的な現象として現れる顕在的な動きを表す場合のル形について見ていく。

4.1　ル形未来の特性

　既に見たように、動き動詞が具体的な現象として現れる顕在的な動きを表す場合のル形は、未来を表す。「今勉強する。」ではまだ動作は行われておらず、現在行われている動作を表すためには、「今勉強している。」のように、テイル形にしなければならない。ただ、未来を表すル形は思ったほど多くない。さらに、ル形未来には、現在を表すテイル形や過去を表すタ形にはない特性が観察されるし、その特性から来る未来へのなりやすさ（なりにくさ）というものが存する。たとえば、「??明日僕は彼を憎む。」「??4時間後足がすごく痛む。」などは、かなりの程度に逸脱性を有している。

　区別されるべきだが、通例、断定と一括されるものの中には、事態の描き出し方・捉え方の異なる2種のものが存する。筆者が確認と確信と呼び分けているものである——確認・確信については、仁田（2000）にかなり詳しく記述——。〈確認〉とは、その事態に関する情報を話し手自らが直接的に得たことによって、疑いのはさみようのないものとして捉えた、という認識のモダリティであり、〈確信〉とは、事態の成立・存在を、自らの想像・思考や推論の中で確かなものとして捉えた、という認識のモダリティである。(a)「あっ、雨が{降っている／*降っているだろう}。」、(b)「彼のおかげで、私は命拾いを{しました／*したでしょう}。」と(c)「太郎は昨日次郎に会って話をした。／太郎はたぶん昨日次郎に会って話をしただろう。」との断定の形式にあって、(a)(b)が確認で、(c)が確信である。確認であることによって、(a)(b)の文では推量形が共起しえない。それに対して, 想像・思考の中

で捉えた確信であることによって、（c）のタイプの文では推量形も共起可能である。

さらに、確認には、〈話し手による直接的な補足〉と〈既得情報〉とがある。直接的な補足とは、話し手が五感などを通して直接体験によって捉えた事態であり、（d）「おや、あんな所に花が咲いている。」や（e）「昨日街角で彼を見かけたよ。」などがそうである。既得情報とは、既に獲得され知っていることとして話し手の知識・情報のストックの中にある事態であり、（f）「59年以降、ブルターニュの議員たちが、左右両派一致して率先的に、法案の提出を再開した。委員会における審議は、二度連続してすぐれた議員報告にまでいったが、政府は国会審議でとりあげることを認めなかった。（原聖邦訳「虐げられた言語の復権」）」などがその例である。これらは、いずれも推量形による交替型を持たない。

未来は未実現の世界であり、未来を表す文に表現される事態もすべて未実現の事態である。したがって、過去や現在と異なって、未来を示す文にあっては、描かれた事態を話し手が直接的に補足することは不可能である。ル形未来が可能になるためには、その事態の未来における発生・出現を、発話時において話し手が予測というあり方で把握できなければならないし、予定として把握できることが必要である。予測可能・予定可能であること、そしてその裏返しとして直接的な補足の不可、というモダリティ的なあり方を帯びているのが、ル形未来の特性である。

4.2　ル形未来のタイプ

ここでは、ル形未来を、大きく直後未来・予定された未来・予測の元における未来に分かっておく。まず直後未来から極々簡単に見ていく。

4.2.1　直後未来

直後未来と予測の元における未来は、断定形を取った時、そのル形は確認ではなく、広い意味で確信を表す、という点で共通する。「あっ、落ちる。落ちた。」の「落ちる」が直後未来のル形である。直後未来とは、事態が発

話後すぐに生じるというものである。確信という点では、予測の元における未来と大きくは同類であると思われるものを、別に1種として取り出しておくのは、話し手が、動き発生の徴候や端緒を発話時に捉えている点を考慮してのことである。徴候や端緒とは言え、話し手が直接捉えたものであることによって、直後未来は、〈直接的な補足〉につながっていく。

（1）機長「やった！日本が裂けるぞ！」雲のはずれにのぞく紀州と四国の裂け目が、モヤモヤして輪郭がぶれている。（橋本忍「シ・日本沈没」）
（2）吉田「火を消せと言っとるだろうが…… 肉が煮つまるじゃないか、バカッ」
（剣持亘他「シ・さびしんぼう」）

のようなものが、その実例である。これらは、いずれも話し手が動き発生の徴候や端緒を発話時に捉え、その後起こる動きを述べるものである。言い換えれば、上掲のような直後未来を表す動きは、その動き発生の徴候・端緒の可視化・知覚化が可能・容易なものである。したがって、それが難しい「生活スル」「届ク」などが、「?? あっ、彼が東京で生活する。」「? あっ、荷物が届く。」のように、直後未来を表す表現になることは無理・困難であろう。また、（1）（2）の直後未来の文は、「あっ、荷物が落ちそうだ。」のような、発話時のすぐ後に起こる動きの徴候を観察し、事態を捉える徴候性判断の文に近似していく。

4.2.2　予定された未来

　引き続き、予定された未来について触れる。予定された未来は、話し手が、未来における事態の生起・出現を予定として、既に自らの知識・情報のストックの中に保有しているものであり、既得情報としての扱いである。予定された未来でのル形は、実際に実現するか否かは別として、予定が確かであれば、確信ではなく確認として把握される。予定の確度が落ちるにしたがって、ル形は確信へと移り動いていく。予定された未来を、決定済みの予定と話し手の意図に分けておく。〈決定済みの予定〉から瞥見する。

（3）08年の地方選挙は、1月27日投開票の大阪府知事選を皮切りに、熊本、鹿児島、山口、新潟、富山、岡山、栃木の計8府県で知事選があり、政令指定都市の京都市でも2月17日に市長選が｛投開票される／??投開票サレルダロウ｝。　　　　　　　　　　（「朝日新聞」08.1.3）

がその実例である。これには「ダロウ」を付加することはできない。推量形にしてしまうと、投開票の実施が決定していないことになってしまう。投開票の実施は決定済みのことである。既得情報による確認の例である。

（4）「……もうすぐ"わだつみ2号"が竣工します。そうしたらローテーションが少し楽になります」　　　　　　　　　　（橋本忍「シ・日本沈没」）
（5）ブット元首相の暗殺という事態に直面し、注目されていたパキスタン総選挙が2月18日に延期されることになった。　（「朝日新聞」08.1.3）
（6）カネボウなどの粉飾決算をふまえ、監査人に不正会計の通報義務などを課す改正公認会計士法が昨年成立し、4月に施行される予定。
　　　　　　　　　　　　　　　　　　　　　　　　（「朝日新聞」08.1.3）

において、（4）の「竣工シマス」――「楽ニナリマス」は次で述べる予測の元における未来――、（5）の「延期サレル」、（6）の「施行サレル」は、いずれも、決定済みの予定を表すル形である。予定された未来は、基本的に3人称に生じる事態である。予定された未来では、「コトニナル」「予定ダ」、時には「計画ダ」という文末表現を付加しても、文の意味はさほど変わらない。（5）（6）がこのタイプである。また、予定の決定は既に行われたものであることを、文末表現がタ形を取ることで明示的に示しているのが、（5）の「（～ル）コトニナッタ」である――ただ「予定ダ」については、タ形にすると反事実の意味が出てくるので、タ形になることはない――。

　次に、〈話し手の意図〉について瞥見しておく。

（7）「（ニヤッと笑って）コレは、私が没収する……いいなっ？ それで、つ

いでに証拠隠滅しといてやる……ありがたく思えよ」

（剣持亘他「シ・さびしんぼう」）

（8）今年活躍した3人に、その情熱や苦労を、08年の展望を聞いた。年初にかけて紹介する。 （「朝日新聞」07.12.31）

の下線部のル形がこれである。話し手の意図とは、自らがこれから行う行為に対する予定・企図である。「ツモリダ」という文末表現を加えることが可能である。既に触れた決定済みの予定は第三者の事態であった。第三者の事態であることによって、話し手にとっては変えることのできない事態である。未実現事態であるが、予定に対する決定が確固たるものであれば、事態はその分確認的な捉え方をされたものになる。話し手の意図による事態は、話し手にとって制御できるものである。したがって、未来における実現の変更が可能である。この種の文が「ダロウ」をまったく取れないわけではないことの基因がここにある。これは、また確認から確信への移り行きである。

　話し手の意図と決定済みの予定の近さは、「年明けに、北京五輪の野球日本代表監督・星野仙一さん、大ヒットゲーム機を出した任天堂の社長・岩田聡さんを掲載する予定です。（「朝日新聞」07.12.31）」のように、自らが主体的に行う行為に対しても、自らの行為を対象化した意味合いを加えつつ、「予定」という文末表現を付加することができることからも分かろう。

4.2.3　予測の元における未来

　最後に、予測の元における未来について触れておく。

（9）30～31にかけて寒気が｛強まる／強マルダロウ｝。日本海側は雪が降り、太平洋側も山間部などで雪が｛舞う／舞ウダロウ｝。

（「朝日新聞」07.12.30）

（10）「08年上期は経済は相当停滞する。株価は2月まで1万4千円台だろう」 （「朝日新聞」08.1.5）

（11）「これを見たら、出よう」／伊織「全部見てると九時を過ぎてしまう」

（荒井晴彦「シ・ひとひらの雪」）

などの下線部のル形が、この予測の元における未来である。未来の事態は未
実現の事態であり、したがって、人はその成立・存在を直接的に補足する
ことができない。予定情報とでもいったあり方で既得していない限り、根拠や
きざしなどから、その事態の未来での発生・出現を、発話時において予測と
いうあり方で捉え描き出すことが必要になる。(9)に示したように、この種
のル形にあっては、断定形であっても、「ダロウ」を加えても、確からしさ
の度合いに変化が生じるものの、捉え方が変わることはない。推量形の交替
型が出現しうる。予測の元における未来のル形は、確認ではなく確信である。

　未来の事態は未実現の事態であり、未実現であれば、話し手は通例、想
像・思考・推論の中で捉えざるをえない。想像・思考・推論の中で捉えられ
たものであることは、[伊織「宮津は君に惚れてるんだな」／伊織「……仕
事はできる奴だし、優しそうだし、いい亭主になる<u>かもしれない</u>」（荒井晴
彦「シ・ひとひらの雪」）]や「悲観はしていない。個人消費を伸ばし、内需
拡大をやっていけばいい循環が<u>続くはず</u>」（「朝日新聞」08.1.5)」のように、
未来を表す文には、推し量りのモダリティ形式を伴ったものが少なくないこ
とからも分かろう。

　未来の事態は、基本が発話時において話し手がその出現・存在を予測の元
に捉えたものである。したがって、話し手が発話時において何らかの根拠
や・きざしにより未来での出現を予測することが難しい事態は、ル形未来と
しては現れにくい。既に触れたように、「<u>??三日後彼はとても疲れる</u>。」「??
<u>明日僕は困ります</u>。」などは、かなりの程度に逸脱性が高い。このようなタ
イプの事態が未来の事態として現れる場合、次のような傾向を帯びることが
多い。

(12) ヒロキ「向こうに着いても、自転車、<u>これじゃ困るでしょ</u>？」／百合
　　 子「ええ、まあ……」　　　　　　　　（荒井晴彦「シ・さびしんぼ」）
(13) 霞「……あなたはきっと私に<u>飽きる</u>わ。そんなに長く、<u>続かない</u>わ」

（荒井晴彦「シ・ひとひらの雪」）

(12)は、話し手の想定した条件世界での事態生起にすることにより、話し手にとって生起予測の容易なものになっている。(13)は、事態の未来での現れを、話し手が思い込み・決め付けることで、ル形での未来表示が容易になっている。

付記 本稿は原稿を 2014 年に送付したものである。

参考文献
奥田靖雄(1996)「文のこと―その分類をめぐって―」『教育国語』2(22)：2–14
工藤真由美(2014)『現代日本語ムード・テンス・アスペクト論』ひつじ書房
鈴木重幸(1979)「現代日本語のテンス―終止的な述語につかわれた完成相の叙述法断
　　　定のばあい―」言語学研究会(編)『言語の研究』5–59, むぎ書房
須田義治(2010)『現代日本語アスペクト論』ひつじ書房
寺村秀夫(1984)『日本語のシンタクスと意味 II』65–216, くろしお出版
仁田義雄(1987)「テンス・アスペクトの文法」『ソフトウェア文書のための日本語処理
　　　の研究―8』50–135, 情報処理振興事業協会
仁田義雄(2000)「認識のモダリティとその周辺」仁田義雄・益岡隆志(編)『日本語の文
　　　法 3 モダリティ』79–159, 岩波書店
仁田義雄(2009)『日本語の文法カテゴリをめぐって』ひつじ書房
仁田義雄(2010)「事態の類型と未来表示」『日本語文法』10(2)：3–21, 日本語文法学会
仁田義雄(2012)「状態をめぐって」影山太郎(編)『属性叙述の世界』177–199, くろし
　　　お出版
日本語記述文法研究会(編)(2007)『現代日本語文法 3』3–205, くろしお出版
高橋太郎(1985)『現代日本語のアスペクトとテンス』秀英出版
高橋太郎(1994)『動詞の研究』166–227, むぎ書房

一人称単数主語の場合の
心理動詞の使用に関する考察

伊藤龍太郎

はじめに

　寺村秀夫はその著『日本語のシンタクスと意味I』(1982: 144) の中で以下のように述べている。

> 「ヨロコブ、楽シム、悲シムなどの動詞は、感じ手が話し手自身であるときには使えない」というようなきまりは、ある程度は一般性があるとしても、窮屈にすぎるだろう。しかし、どういう条件でなら、これらが話し手について、話し相手について、また第三者について使えるのか、またどういう形 (過去形、〜テイル形など) がどういうときに使われるのかも、まだ調査が充分でない。

　本稿においては、感情や心理状態を表す動詞のル形が、感じ手が話し手自身である時、即ち、主語が一人称単数である時、どのような時に使えて、どのような時に使えないのか、また、なぜ使えないのかを、感情や心理状態を表す動詞以外の動詞や、主語が三人称である時との比較を通じて考察してみたいと思う。更に、それを通じて見えてきたことを記述してみたいと思う。

第1章　意志性の視点 (意志動詞)

1. 仮説1

　「＊私は年金をもらって喜びます」とは言えないが、「私は年金で老後の生活を楽しみます」とは言える。このように、感情や心理状態を表す動詞 (以下、心理動詞と呼ぶ) は、一人称単数主語でル形が使える場合と使えない場合がある。様々な心理動詞を並べて、主語が一人称単数でル形の文が自然なものと不自然なものを分けてみると、ある傾向があることに気づく。すなわち、意向形が使える動詞では、ル形で自然な文となるのである。それに基づいて、まずは以下の仮説を立ててみた。

　　仮説1：心理動詞が意志動詞の場合には、一人称単数主語で動詞がル形であって

も自然な文となる。

　この仮説が該当するのは、以下のような文である。

（1）　私は年金で老後の生活を楽しみます。
（2）　君を永遠に愛します。
（3）　雨が降っているので、外出は諦めます。

　「楽しむ」や「愛する」「諦める」は、「楽しもう」「愛そう」「諦めよう」という意向形が言えるので意志動詞である。上記のように、意志動詞の場合、一人称単数主語でル形の言い切りが使える。動詞の意志性に関しては、意向形の他にも、命令形が言えるか、「〜することにする」、「〜しておく」などが言えるか、というような様々なテストがあり、動詞が意志動詞と無意志動詞の２つに明確に分けられるものではなく、意志性には段階性・連続性があるということは広く知られている[1]。しかし、本稿のテーマの一人称単数主語とル形動詞の組合せの文に関して、少なくても考察の対象とした動詞群の範囲では、意向形ができるかどうかを判断の基準として良さそうである。つまり、本稿では意志動詞を「意向形が言える動詞」と定義してみる。意向形が言える心理動詞をリストアップしたのが表１である。これらの動詞の意向形を使った例文、および、話し手が主語で、且つ、ル形で終わる自然な文も記載してみた。

2.　意味や文脈によって意志動詞や無意志動詞になる動詞

　意味によって意志動詞であったり、無意志動詞でもあったりする動詞がある。例えば、「覚える」は、幾つかの意味を持っているが、"記憶する"という意味や、"からだや心に感じる"という意味を持っている[2]。前者は「単語を覚える」という使い方があり、後者には「痛みを覚える」「疲れを覚える」という使い方がある。

（1）　単語を覚えよう。　　　　　私は単語を覚えます。
（2）　*疲れを覚えよう。　　　　？私は疲れを覚えます。

　上記の(1)の「覚える」は意志動詞であり、一人称単数主語でル形が使える。(2)の「覚える」は無意志動詞で一人称単数主語でル形が使えないことがわかる。但し、「？私は疲れを覚えます」は自然と思う人もいるかもしれない。更には「私は胸に痛みを覚えます」は、多くの人が自然に感じるのではないだろうか。これには、実は次の第２章で扱う無意志動詞が現在を表すか、未来を表すのかというポイントが関連するの

一人称単数主語の場合の心理動詞の使用に関する考察　77

表 1　意志動詞（意向形の言える動詞）

動詞	意向形を用いた文	例文（一人称単数主語＋ル形）
愛する	祖国を愛そう	私は君を愛します
諦める	進学を諦めよう	今年も受験に失敗したら、大学進学は諦めます
甘える	お言葉に甘えようかな	それでは、お言葉に甘えます
祈る	皆で彼の成功を祈ろう	ご冥福を祈ります
落着く	もう少し落ち着こう	この薬を飲むと気持ちが落ち着きます
(単語を)覚える	単語を覚えよう	訓練してこの技術を覚えます
思い出す	昨日のことを思い出そう	この写真を見ると、学生時代を思い出します
可愛がる	この猫を皆で可愛がろう	私は子供を可愛がります
我慢する	皆が苦しいのだから、我慢しよう	飲みたいけど今日は我慢します
頑張る	頑張ろう、日本	次の試合では頑張ります
気遣う	あの人にはもう少し気遣おう	私は姑に気遣います
軽蔑する	悪い奴は皆で軽蔑しよう	私は彼を軽蔑します
こだわる	その点は、最後までこだわろう	野菜を買う時、私は産地にこだわります
こらえる	そこを、じっとこらえよう	機中では煙草をぐっとこらえます
尊敬する	我々の祖先を尊敬しよう	私は先生を尊敬します
偲ぶ	黙祷して亡き人を偲びましょう	墓前で合掌して、亡き祖先を偲びます
耐える	今年の夏は、冷房なしで暑さに耐えよう	辛いけど、じっと耐えます
楽しむ	今日は皆で楽しもう	今度の休暇は旅行を楽しみます
慣れる	会社生活に早く慣れよう	今度の仕事は朝が早くて大変だけど、何とかして慣れます
望む	彼の一層の努力を望もう	冷静な対応を望みます
のんびりする	故郷に帰って少しのんびりしよう	今度の正月はどこにも行かずに家でのんびりします
理解する	彼のことをもっと理解しよう	おっしゃることは理解します
リラックスする	コーヒーでも飲んでリラックスしよう	この音楽を聴くとリラックスします
忘れる	あの子のことはもう忘れよう	この件についてはなかったと思って忘れます

で、とりあえずは「意志動詞では一人称単数主語でル形が使える」ということに留め
ておいて、無意志動詞に関しては第 2 章で更に考察することとしたい。

　もう 1 つ別の動詞を見てみよう。「こだわる」は "些細なことにとらわれる、拘泥
する" という意味や、"些細な点まで気を配る、思い入れする" という意味がある[3]。
前者は否定的な意味合いがあるので、意志性は持たせにくいが、後者は肯定的な意味
であるので、意志性を持たせることができる。つまり、意味によって意志動詞であっ
たり、無意志動詞であったりする。

(3)　　私は、料理をする時、材料にこだわります。

(4)　　私は形式にこだわります。

（5）？私はくだらないことにこだわります。

　（3）の「こだわる」は肯定的な意味で、「材料にこだわろう」と言えるので意志動詞であり、文全体は自然である。（4）の「形式にこだわる」という言い方は、肯定的でも否定的でもない、中間的な使い方であると思われるが、話し手は「私は形式を大切にします」という意味で使っており、むしろ肯定的と捉えるべきであろう。（5）の「くだらないことにこだわる」は否定的な意味合いを持ち、「＊くだらないことにこだわろう」とは言い難いので、無意志動詞である。そして（5）の文は不自然である。それでも言えないこともないのは、自嘲的な意味合い、もしくは「あなたがくだらないと言っていることに私はこだわるんです」といったような文脈で、皮肉的な意味合いを持たせる場合もあるからであると思われる。このことは、第5章で扱う「否定的な意味合いを持つ動詞」とも関連している。

3．意向形の意味するもの

　意向形の場合、"意向主"は話し手であるので「＊彼は食べよう」と言うことはできない。「私は食べよう」と言うことはできるが、この「私は」は比較の「は」としか解釈できず、「食べよう」のように主語を省略して言うのが普通であることからも意向形の主語は一人称という了解がある。「試験が終わったら、飲みに行こうよ」のように、意向形が勧誘を表す場合は、聞き手が主語とも考えられるが、「私と一緒に」という意味であるので、聞き手と私、即ち一人称複数と考えることができる[4]。意向形が言える動詞が、一人称単数主語でル形が自然に使えるということは、このことと何らかの関連がある可能性があると思われる。心理状態というのは原則、本人にとってコントローラブルではないと思われるのだが、それでも意向形が言える心理動詞が少なくないということは、話し手の強い意志、もしくは願望を表している場合があるからと考えられる。ル形も同様に話し手の意志や願望を表す働きがあって、以下の例のように、両者の意味がほぼ同じである場合が多く見受けられる。したがって、意向形が言えることと一人称主語でル形が言えることには関連があると思われるのである。

（1）　私は貴方を永遠に愛そう。　　　　私は貴方を永遠に愛する。
（2）　君の成功を祈ろう。　　　　　　　君の成功を祈る。
（3）　お腹が空いたけど我慢しましょう。　お腹が空いたけど我慢します。
（4）　分かりました、そのことは忘れましょう。　分かりました、そのことは忘れます。

森山（1990: 6）は、「意志形は、それ自体、話し手の行動に関する判断を形成するものであり、（中略）単純形は、その判断の形成がすでになされていることを表す」と述べ、2つの違いを分析している。「意志形」とは、本稿で言う意向形であり、「単純形」はル形のことであるが、これらの形は、判断の形成や決定に関する言い方なのである。

第2章　現在か未来かの視点（無意志動詞）

1．仮説2

次に心理動詞の無意志動詞（意向形の言えない動詞）に関して分析をしてみたいと思う。無意志動詞には、一人称単数主語とル形の組合せで、自然な文と不自然な文がある。その差に関しては、やはりある傾向が見られる。それに基づき、次の仮説を立ててみた。

> 仮説2：無意志動詞でル形が現在を表わす心理動詞は、一人称単数主語でル形の言い切りの形の場合、自然な文となり、無意志動詞でル形が未来を表す動詞では不自然な文となる。

具体例を挙げて、仮説2が正しいかどうか見て行きたいと思うが、まずは次項で動詞が現在を現す、未来を表すということが、どのように整理されているかを見て、その後に具体例を見て行きたいと思う。

2．動詞が現在を表すか、未来を表すか

動詞（もっと広く言えば「述語」）の使い方には二種類あり、恒常的属性（反復・習慣、普遍的事実など）を表す場合と、そうではない場合がある。例えば、「食べる」という動詞について、通常の文では以下の(1)のように未来の事象を表すが、(2)のような場合は、未来の事象を表しているわけではない。後者については、「現在を表す」と言う場合もあるし、「テンスがない」とすることもあるようだが、本稿では一応「現在を表す」という言い方に統一することにする。

(1)　パンを買って来たけど食べる？―うん、食べる。
　　　明日の朝、僕はパンを食べます。
(2)　私は毎日、朝ごはんにパンを食べます。
　　　日本人はよくお米を食べます。

80　伊藤龍太郎

　上記の (2) のような恒常的属性を表す場合を除いた場合、動詞の分類方法として、状態動詞と非状態動詞に分けるというものがある。状態動詞とは、アスペクトの対立のない動詞(「ある・いる」など)などで、テイル形のない動詞であり、これらはル形が現在を表し、未来を表す時にもル形が使われる。非状態動詞はそれ以外の動詞であって、ル形は通常、未来を表し、現在を表す為にはテイル形が使われるとされる[5]。しかし、非状態動詞もル形で現在を表す動詞がある。「分かる」「見える」「聞こえる」「(英語が) できる」などである。更には、「読める」「泳げる」のような動詞の可能形や、「思われる」「考えられる」「悔やまれる」などの自発と言われる形が一般的にそうである。そして、心理動詞においてはル形で現在を表わす動詞が多く見られる。次項にて、それらの心理動詞で現在を表すことのできる動詞と、できない動詞での一人称単数主語でのそれぞれの振舞いを見てみたいと思う。

3. 現在を表す無意志動詞

(1)　　彼の行動は理解に苦しみます。
(2)　　そんなこと聞かれても返事に困ります。
(3)　　この惨状を見ると、心が痛みます。
(4)　　来月の試験のことを考えただけでうんざりします。

　これらの文は、話し手が感情主であり、「*苦しもう」「*困ろう」「*痛もう」や「*うんざりしよう」とは言えないところから、無意志動詞である。そして、これらはル形が現在の心理状態を表しており、文としては自然である。通常は未来を表すとされる、テイル形のある動詞が現在を表しているか、それとも未来を表しているのかという判断は、意志性に関してあるような文法性判断テストが見当たらない。従って、(1) ～ (4) のように、実際の文を作り、文脈によって判断せざるを得ず、それも単純な作業ではないのだが、それを多くの動詞に関して行ない、ル形が現在を表している意志性のない心理動詞を並べたのが表 2 である。一人称単数を主語としてル形言い切りで終わる文も例として挙げてみたが、全て話し手の現在の心理状態を表しており、自然な文と思われる。

表 2　無意志動詞(現在)

ル形	意向形	一人称単数主語の例文
あきあきする	*あきあきしよう	彼のスピーチにはあきあきします

呆れる	＊呆れよう	うちの息子には本当に呆れます
憧れる	＊憧れよう	私は大リーグに憧れます
憤る	＊憤ろう	政府の無策には憤ります
痛む	＊痛もう	この惨状には心が痛みます
苛立つ	＊苛立とう	夫の優柔不断さには苛立ちます
いらいらする	＊いらいらしよう	家内は化粧時間が長くて、いらいらします
恨む	＊恨もう	父の仇である彼を恨みます
うきうきする	＊うきうきしよう	明日の彼女とのデートに心がうきうきします
うんざりする	＊うんざりしよう	考えただけでうんざりします
うっとりする	＊うっとりしよう	この甘美な音楽にはうっとりします
恐れ入る	＊恐れ入ろう	ご厚情のほど、恐れ入ります
驚く	＊驚こう	彼が犯人だなんて驚きます
(痛みを)覚える	＊(痛みを)覚えよう	胸に痛みを覚えます
がっかりする	＊がっかりしよう	この試験結果にはがっかりします
感じる	＊感じよう	この手紙に彼の誠意を感じます
感心する	＊感心しよう	うまいことを言うものだと感心します
気後れする	＊気後れしよう	あそこに行くのは気後れします
嫌う	＊嫌おう	私はうそを嫌います
くさくさする	＊くさくさしよう	雨続きで、くさくさします
悔やむ	＊悔やもう	電話しなかったことを悔やみます
(理解に)苦しむ	＊苦しもう	政府の政策は理解に苦しみます
困る	＊困ろう	ベランダの鳩にはホントに困ります
好む	＊好もう	私は甘いものを好みます
すくむ	＊すくもう	展望台の高さには足がすくみます
せいせいする	＊せいせいしよう	高い山の見晴らしはいいね。実にせいせいする
ぞくぞくする	＊ぞくぞくしよう	明日からプロ野球が始まるので、ぞくぞくします
ぞっとする	＊ぞっとしよう	近い内に地震が来るそうで、ぞっとします
(気持ちが)高ぶる	＊高ぶろう	明日の決勝戦には気持ちが高ぶります
たまげる	＊たまげよう	町に人出が多いのにはたまげる
疲れる	＊疲れよう	この仕事は疲れます
躊躇う	＊躊躇おう	電話すべきかどうか、躊躇います
照れる	＊照れよう	そんなに褒められると照れます
どきどきする	＊どきどきしよう	明日はお見合なので、どきどきします
悩む	＊悩もう	どっちを買うべきか悩みます
憎む	＊憎もう	私から最愛の息子を奪った戦争を憎みます
願う	＊願おう	静粛に願います
(心が)はやる	＊はやろう	次の試合が近づいてきて、心がはやります
(腹が)立つ	＊腹が立とう	震災後の政府の対応には腹が立ちます

腹立つ	＊腹立とう	政府の対応には腹立ちます
はらはらする	＊はらはらしよう	彼のやり方を見ているとはらはらします
びっくりする	＊びっくりしよう	彼の成長ぶりにはびっくりします
ほっとする	＊ほっとしよう	家に帰るとほっとします
まいる	＊まいろう	うちの子には本当にまいります
(判断に)迷う	＊迷おう	どっちにするか迷います
むかつく	＊むかつこう	あいつがやったと思うとむかつきます
むかっとする	＊むかっとしよう	あいつがやったと思うとむかっとします
むっとする	＊むっとしよう	悪口を言われてむっとします
(気が)滅入る	＊気が滅入ろう	あの子の成績表には気が滅入ります
めげる	＊めげよう	そこまで言われるとめげます
面食らう	＊面食らおう	あの結果には面食らいます
弱る	＊弱ろう	うちの子の腕白さには弱ります
わくわくする	＊わくわくしよう	もうじき子供が家に戻って来ると思うとわくわくします

4. 未来を表す無意志動詞

　未来を表す無意志動詞とは以下の「喜ぶ」「悲しむ」のような動詞である。

(1)　＊大学に合格して私は大変喜びます。
(2)　＊彼の訃報を聞いて私は大変悲しみます。

　これらの動詞は無意志動詞であるが、文として不自然である。以下の(3)や(4)のように主語が一人称ではない場合は自然となる場合が多い。また、(3)(4)の文から分かるように、「喜ぶ」や「悲しむ」は未来の事象を表している。これらの動詞は現在を表すことができないので、一人称主語では不自然になるものと思われる。その理由については、後段で述べようと思う。

(3)　　お土産でも買おうか。子供が喜ぶよ。
(4)　　君が家出したら君のお母さんは悲しみますよ。

　次の表3が未来を表す無意志動詞(心理動詞)のリストである。例文としてあげた文が自然かどうか、その判断には個人差があると思われるが、「いつもそうである」といった恒常的属性を含意している場合は、より自然に感じられる。例えば、最初の「＊舞台に立つと私はあがります」は、これから舞台にあがろうとしている人が言うと未来の意味となり、文として不自然になるが、しょっちゅう舞台に上がっている人が、

一人称単数主語の場合の心理動詞の使用に関する考察　83

「舞台に立つと私はいつもあがります」とすれば自然な文となる。前者の文のように、「いつも」が入っていなくてもそういったニュアンスを感じ取る場合は、自然さが増すものと思われる。それは後段で扱う恒常的属性のカテゴリーに入れるべきなので、ここでは恒常的属性をできるだけ排除したニュアンスで捉えたいと考える。表3の例文は不自然と感じられるが、テイル形に変えると、殆どの場合、自然な文となる。

表3　無意志動詞（未来）

ル形	意向形	例文（一人称単数主語）
あがる	＊あがろう	＊舞台に立つと私はあがります
いぶかる	＊いぶかろう	＊金融緩和だけでデフレ脱却するということでは、その成果をいぶかります
羨む	＊羨もう	＊私は同輩の出世を羨みます
惜しむ	＊惜しもう	＊彼女との別れを惜しみます
恐れる	＊恐れよう	＊津波の再来を恐れます
かっとする／なる	＊かっとしよう／なろう	＊嫌なことを言われてかっとします／なります
悲しむ	＊悲しもう	＊友の訃報を聞いて悲しみます
（後遺症に）苦しむ	＊苦しもう	＊私は、退院した後も後遺症に苦しみます
げんなりする	＊げんなりしよう	＊朝からカレーで、げんなりします
恋する	？恋しよう	＊まだ見ぬ君に恋します
後悔する	＊後悔しよう	＊今更ながら、後悔します
懲りる	＊懲りよう	＊二度しくじったので懲ります
慕う	＊慕おう	＊彼を兄のように慕います。
失望する	＊失望しよう	＊何をやってもうまく行かず、前途に失望します
しらける	＊しらけよう	＊からくりがばれてしらけます
じれる	＊じれよう	＊注文した品がなかなか来ないのでじれます
しんみりする	＊しんみりしよう	＊別れの挨拶を聞きながらしんみりします
心配する	＊心配しよう	＊雪山登山に行った兄を心配します
陶酔する	＊陶酔しよう	＊歌舞伎の名演技に陶酔します
なじむ	？馴染もう	＊2年経って都会の生活に馴染みます
懐かしむ	＊懐かしもう	＊あの頃を懐かしみます
はかなむ	＊はかなもう	＊人の命をはかなみます
ひやっとする	＊ひやっとしよう	＊猛スピードの車がそばを通過してひやっとします
ひやひやする	＊ひやひやします	＊人に見られるのではないかとひやひやします
ぽーっとする	？ぽーっとしよう	＊二日酔の朝はぽーっとします
ぼうっとなる	＊ぽーっとなろう	＊初恋の彼女に声を掛けられてぼーっとなります
誇る	？誇ろう	＊祖先の業績を誇ります
ほろりとする	＊ほろりとしよう	＊悲しい映画をみてほろりとします

(道に)迷う	＊迷おう	＊地図がないので道に迷います
やきもきする	＊やきもきしよう	＊彼が時間通り来るかやきもきします
喜ぶ	＊喜ぼう	＊私は贈り物をもらって喜びます
落胆する	＊落胆しよう	＊その結果を聞いて私は落胆します

5. 意味によって現在、または未来を表す動詞

　前項 3. (1) で例に挙げた「理解に苦しむ」は一人称単数主語で現在の事象を表しているので自然な文となると分析したのだが、同じ「苦しむ」でも、

(1) ＊私は長い間、闘病生活に苦しみます。
(2) ＊私は、去年の交通事故の後遺症に苦しみます。

とは言いにくい。「苦しむ」には、"思うような処理方法が見つからず困る、窮する"という意味や"からだに痛みや苦しみを感じる"という意味がある[6]。前者が、「理解・説明・判断に苦しむ」の「苦しむ」であり、この意味においては現在を表すことができるが、一方、後者は「病気・後遺症に苦しむ」などの「苦しむ」であり、この意味では現在を表すことができず、未来を表し、したがって上記の (1) (2) では不自然になるのだと思われる。同じ動詞でも意味によって現在を表すことができたり、未来しか表すことができなかったりすると考えられる。他にも幾つかの意味を持っている動詞があるが、「迷う」の例を見てみよう。

(3) 　進学するべきか就職するべきか、迷います。
(4) ＊私は山で道に迷います。

　「迷う」は"まぎれて、進むべき道や方向がわからなくなる"という意味と、"どうしたらよいか決断がつかない"という意味がある[7]。(3) は後者の"決断がつかない"という意味の「迷う」であり、現在の状態を表しており、(4) の「迷う」は"進むべき道・方向がわからなくなる"という意味の「迷う」で、未来を表しているので不自然になると思われる。次に意志性のところで既に挙げた「覚える」をもう一度、見てみよう。

(5) ？私は疲れを覚えます。
(6) 　私は胸に痛みを覚えます。
(7) 　明日の試験までに私はこれらの単語を全部覚えます。

（6）は、現在の事象を表す自然な文である。一方、（7）は未来の事象を表しているが、意志動詞であるので自然な文である。（5）は判断に迷う使い方であるが、（6）と同様に自然な文と感じる人は「疲れを覚える」が現在を表していると捉えており、不自然と感じる人は未来と捉えているということであると思われる。

6．現在・未来を表すかによって自然・不自然な文となる理由

以上をまとめると以下のようになる。一人称単数を主語とする心理動詞がル形で使われた場合で、○で示したのが自然な文、×で示したのが不自然な文である。

	意志動詞	無意志動詞
ル形が現在を表す	○	○
ル形が未来を表す	○	×

無意志動詞でル形が未来を表す場合になぜ不自然になるかというと、話し手がコントロールできない事象を述べている動詞（つまり無意志動詞）で、まだ起きていない未来の事象について確信をもって述べる（つまりル形を使う）からであると考えられる。以下の例のように、ル形をテイル形に変えて現在を表すように変更した場合、またはタ形やテイタ形にして過去を表すようにした場合は、既に起きている現在のことや起きてしまった過去のことを表現することになるので、意志性が無い場合でも、断定的な表現が自然に聞こえるということと考えられる。

（1）＊私は政権交代のニュースを見て大変喜びます。
　　　私は政権交代のニュースを見て大変喜んでいます。
　　　私は政権交代のニュースを見て大変喜びました。
　　　私は政権交代のニュースを見て大変に喜んでいました。
（2）＊私は地図がなくて道に迷います。
　　　私は地図がなくて道に迷っています。
　　　私は地図がなかったので道に迷いました。
　　　私は地図がなかったので道に迷っていました。

第3章　個人差、および心理動詞の定義・範囲・分類について

1．個人差の問題

文が自然か、不自然かという判断には個人差がある。個人差があるのは様々な理由

に依ると思われるが、例えば、地域方言や社会方言（世代・職業・業界などによる差）があるであろうし、方言でなくても、普段接する機会の多い文体や表現が個人によって異なることにその原因があるのであろう。

本稿の冒頭で挙げた寺村（1982: 144）の同じ個所に、以下の文が引用されている。

> 私〔シーボルト〕はイネを、嬰児であったときのごとく、目の上まで抱きあげてみたい。しかしイネの知性が重過ぎ、私の力で抱きあげることが不可能である。私はそのことをよろこぶ。　　　　　　　（司馬遼太郎『花神』）

上の文の「私はそのことをよろこぶ」という言い方は、普段そういった表現に接することのない多くの人の中には、不自然であると感じる人もいるのではないかと思うのだが、『花神』の作者は自然な文と捉えていたわけである。また、本稿の冒頭に挙げた寺村（1982: 144）の文を見ると、寺村自身が「楽シム」を「感じ手が話し手であるときには使えない」動詞としている。しかし、「私は当分、結婚する気はありません。もう少し独身生活を楽しみます」というような言い方は自然と捉える人が多いと思われる。このように個人差が多くのところで実際に見られる。

上記の「私はそのことをよろこぶ」についてもう一度考えてみると、不自然な文と感じながらも、この文は「私」の現在の心理状態を表そうとしていることが感じられる。すなわち、この文を発した人は、「よろこぶ」という動詞が現在を表すと捉えているから自然な文であると思っており、一方、「よろこぶ」は物語文であっても現在の事象を表さないと感じている人は、不自然であると感じるわけである。すなわち、「よろこぶ」が現在を表すと感じる人は、表3の「よろこぶ」を表2に移動すれば良いわけである。

寺村は『花神』の文に関して「文章の性格が客観的、物語り的であること、書きことば的であるかどうかなどといった文体的な問題が関わるだろう」と述べている。「喜ぶ」「悲しむ」が現在を表すとしても、話し言葉では使われず、物語文的な要素をもっているということは確かなことと思われる。

次に意志性についての個人差について考えてみると、表1の一部の文については、不自然だと感じる人もいるかもしれない。例えば、「私は子供を可愛がります」という文にはいくばくかの違和感を感じる人がいてもおかしくはない。確かに「私は子供を可愛がっています」と言った方が座りが良いのは事実である。しかし、その人は恐らく、意向形を使った表現「子供を可愛がろう」という言い方にも同様に違和感を感じているのではないだろうか。つまり、個人による感じ方の差は、一人称単数主語でル形言い切りの文の自然さと意志性との関係に関する仮説1の反証にはならないわけ

である。不自然に感じる場合は、「可愛がる」を表1から無意志動詞の表3に移せば良いだけだからである。また、逆に「軽蔑しよう」という意向形に違和感が感じられる人もいるかもしれない。しかし、「私は彼を軽蔑します」には恐らく違和感がないと思われるので、「軽蔑する」を表1から表2に移動すれば良いのである。

　動詞「分かる」は、心理動詞と言えるか微妙な動詞ではあるが、「分かろう」という意向形が使えるかどうかという判断には個人差があるようである。

(1)　　私は英語が分かる。
(2)　＊英語が(を)分かろう。
(3)　？若者のことをもっと分かろう。
(4)　　若者のことをもっと分かろうと思う。

　(2)を見ると意向形が使えなさそうであるが、(4)のような用法もあり、それに引きずれて、個人による差が生まれることもあるかもしれない。意志性には段階性や連続性があるということでもある。同じ文を自然と感じるか、不自然さを感じるかは、意志性以外にも、現在、または未来の事象を表しているのか、物語り的か、恒常的属性があるのかどうか、という点にも関係しており、それらの感じ方が人それぞれ異なるために個人差がでるのであって、仮説1、仮説2の原則自体は正しいと考える次第である。

2．心理動詞の定義、範囲、分類について

　今まで、漠然と「心理動詞」という言葉を使ってきたが、何が心理動詞であるかの定義はしていない。定義するのは非常に難しいことであるのだが、一般的に心理動詞と言う場合には、何らかの心理状態が関与している事象を表す動詞ということであると思われる。その中での分類としては、例えば、国立国語研究所・宮島達夫(1972: 424)では、「有情物の無意志動作を表すもの」の中で、生理的現象をあらわすもの(あおざめる、あせばむ、など)、心理現象に裏打ちされた生理現象ないしは動作を表すもの(うなだれる、あえぐ、あからめる、など)、主体の心理現象をあらわすもの(あきる、あきれる、あせる、あなどる、など)、といった表現で説明しているし、吉永尚(2008: 88–89)は、感情的心理動詞(驚く、まいる、喜ぶ、逆上する、腹が立つ、ほっとする、など)、知覚感覚的心理動詞(見える、聞こえる、感じる、頭痛がする、ちかちかする、など)、思考認識的心理動詞(思う、思いこむ、注意する、など)に分けている。また、寺村(1982: 140)は、感情表現を動詞表現と形容詞表現に分け、動詞表現を「一次的な気の動き」と「能動的な感情の動き」に分けている。前者は「物音に

驚く・怯える・ぎょっとする」など、感情の誘因を表す語がニ格になるもので、後者は「人を愛する・憎む・羨む」など、ヲ格を取るものである。その他にも金水（1989: 124）では「感覚形容詞」（痛い、かゆい、眠たい、まぶしい）という言葉が使われており、感覚動詞というのがあってもおかしくない。

　このように「心理動詞」の分類をしている文献は多々あるがそれらの下位分類の境界線は明確ではなく、更に心理動詞をそれ以外の動詞と区別する明確な境界線も明確ではない。それは、ある意味では当然なのだが、明確な区別が不可能に近いからであると思われる。例えば、思考関係では「思う・考える・分かる・覚える・学ぶ・習う・勉強する・解明する・理解する・判断する・解決する・決心する・決める・決定する・顧みる・再考する…」のどれを心理動詞とするか、基準を決めるのは難しいし、仮に、決め事として境界線を引くとしても、それにどんな意味があるのかという問題がある。知覚関連の分野では「感じる、感づく、見かける、見える、見る、会う、出会う、出くわす、遭遇する…」、その他にも「言う、答える、誓う、約束する…」や、「励む、努める、努力する、試みる、試食する、食べる、味わう、嗜む…」のどれを心理動詞とするのか、という問題である。恐らくは「喜ぶ・悲しむ・楽しむ」など、感情をストレートに表現している動詞（「感情動詞」と呼んでも違和感のない動詞）が中心的な心理動詞であり、その周辺に何らかの意味で心理状態と関連する事象を表す多くの動詞があるということであろう。そして、心理動詞とそれ以外との境界線にあると感じられる動詞もある。例えば、「慣れる・奢る・買い被る」などは、確かに心理状態が関係してはいるが、心理状態以外の要素も大きいと言えるように思える。生理現象を表す動詞「酔う・酔っ払う・笑う・泣く・涙ぐむ・ねぼける・眠る」等の中には、心理状態を表すよりも、それを反映した外的な様子を表すので、果たして、心理動詞と呼べるのかという疑問がある。（これらは本稿の表に載せていない）

　しかしながら、今まで仮説１や仮説２で見てきた現象は、ある程度、他の動詞においても類似する性格が見られる。仮説１と２が、主語が三人称の場合や、動詞が心理動詞ではない場合にどれくらい当てはまるかを次の章で見た上で、心理動詞の範囲や分類について、後段でもう一度触れることにしたい。

第４章　仮説１と仮説２は三人称主語、及び心理動詞以外でも有効か

　第１章と第２章で、心理動詞の一人称単数主語の場合を見たので、本稿では、心理動詞以外や三人称主語の場合を見ることとしたい。まず、心理動詞の三人称主語の場合を、意志動詞と無意志動詞に分けて見て、次に、心理動詞以外の動詞を、一人称単数主語で、未来を表す無意志動詞、現在を表す無意志動詞に分けて観察し、それから

三人称主語の場合も、未来を表す無意志動詞、現在を表す無意志動詞の順で見たいと思う。最後に、心理動詞、一人称単数主語に戻って、未来を表す無意志動詞の場合について、予測可能性という観点から見直してみたいと思う。

1. 心理動詞、三人称主語、意志動詞の場合

(1)　彼はコーヒーを飲むと気持ちが落ち着きます。

(2)　あのご婦人は姑に気遣います。

(3)　その奥さんは産地にこだわります。

(4)　彼は休暇を別荘で楽しみます。

(5)　彼は休暇を取ってのんびりします。

(6)　彼は音楽を聴きながらリラックスします。

(7)　彼はいやなことは忘れます。

(8)　飲みたいけど彼はじっと我慢します。

(9)　彼はタバコをぐっとこらえます。

(10)　黙祷を奉げて彼は亡き人を偲びます。

(11)　彼はじっと耐えます。

　上記の文は、大体において自然である。次に、以下の文を見てみよう。

(12)　？彼は彼女を愛します。

(13)　？彼は彼女のことを諦めます。

(14)　？彼は次の試験を頑張ります。

(15)　？彼女は彼を軽蔑します。

(16)　？彼女は彼を尊敬します。

(17)　？彼は来年がいい年であることを望みます。

　上記の文は、多少、座りの悪さが感じられる。これらの動詞は全て、表1の動詞、すなわち一人称単数主語では自然な文となる動詞である。もう少し細かく見てみると、まず、(1)〜(7)は、その人の属性とか行動様式を示している印象を与える文である。つまり、例えば、「いつも」などを入れても自然な文である。(8)〜(11)は、その人がそういう行為を行っているのを見ながら話している、別の言い方ではナレーション的であり、物語文的とも言えるかもしれない。ところが、(12)〜(17)においては、属性的、ナレーション的な要素が感じられない。動詞が表している事象が、外からで

は観察しにくいことであるかもしれない。1つの文が自然であるか、不自然であるかの判断は、どのような文脈を頭に浮かべることができるかによると思われるのだが、(1)〜(11)のように、そういった文脈が容易に考えられる場合は、自然と感じられるが、(12)〜(17)では、そのような文脈が考えにくいのである。(12)〜(17)の文の中には、「これで」や「これから」のような語を加えると自然さが多少増すものも見られるし、三人称主語を「妻」とか「息子」のような話し手の身内にすると、多少自然さが増すこともあるようである。それは、身内の場合には、それを知っていてもおかしくないし、知っていて当然という文脈が考えられる場合があるからであろう[8]。

今までの話をまとめると、語られている状態が推測できたり、その事象が起こることが予測できる場合や、話し手が既にそのことを知っている場合には文が自然となるということである。そういう意味では、一人称主語の場合とは異なり、意志性とは直接関係なさそうである。但し、本人が自分の意志である程度コントロールできることで、本人がその意志を持っているということを話し手が知っているという文脈は考えられるので、そういう意味では、意志性も間接的に関連している。また、これらの理屈は心理動詞に限った話ではないので、心理動詞以外にも当てはまると思われる。

また、(12)〜(17)の文で、の不自然さは、テイル形にすると不自然さが解消される。

(18) 私は彼女を愛します。
　　？彼は彼女を愛します。　　→彼は彼女を愛しています。
(19) 私は彼を軽蔑します。
　　？彼女は彼を軽蔑します。　　→彼女は彼を軽蔑しています。
(20) 私は彼を尊敬します。
　　？彼女は彼を尊敬します。　　→彼女は彼を尊敬しています。
(21) 私は、この問題に関して各国が冷静に対応することを望みます。
　　？首相は各国が冷静に対応することを望みます。　　→…望んでいます。

上記の現象は、これらの動詞においては、一人称単数主語の場合は現在を表すことができるが、三人称主語では未来しか表せないということを示しているのではないだろうか。この現象は、いわゆる遂行動詞と呼ばれる動詞について言われることである。「ここに宣言します」は主語が話し手で、そのように言うことにより「宣言」したことになるのだが、「彼は宣言します」となると遂行動詞ではなく、未来を表す動詞になる。「名付ける」「約束する」なども同様である。このような一人称単数主語では現在形が表せるが、三人称では表しにくくなるという現象は、無意志動詞でも起きるので、次項でもう一度触れることにしたい。

2．心理動詞、三人称主語、無意志動詞の場合

(1)　サンタクロースが来るとうちの子供は喜びます。

(2)　そのことを知ったら、彼女は悲しみます。

(3)　彼は大リーグに憧れます。

(4)　うちの娘は野菜を嫌います。

　これらの文では、意志動詞と同様に、そのことを知っている、またはそのことが推測可能であるということであれば自然な文となる。ところが、一部の動詞では多少の不自然さがあると感じられる文もある。

(5)　？彼はそれを聞いて呆れます。　　→彼はそれを聞いて呆れています。

(6)　？国民は政府の無策に憤ります。　→国民は政府の無策に憤っています。

(7)　？夫は年金の金額に驚きます。　　→夫は年金の金額には驚いています。

　これらは一人称主語であればル形で言えるのだが、三人称主語にするとテイル形でないとやや不自然な文となる。ここで気づく点は、(1)(2)ではテイル形にすると意味が異なるということであり、(3)(4)では、テイル形にするとより座りの良い文になり、(5)(6)(7)においては、テイル形で自然な文となる。(1)(2)はもともと未来を表わす動詞であり（現在を表せない動詞）、表3に載せた動詞である。従って、(1)(2)では未来を表すのだが、テイル形にすると現在を表すようになる。(3)〜(7)は表2の現在を表す動詞であるが、(3)(4)では、そのまま現在を表わしていると考えられる。(5)(6)(7)の文では、未来を表す動詞が、あたかも現在を表しているかのように使用されているところに不自然さがあり、テイル形にすると現在を表すので自然な文となるということではないだろうか。つまり、(3)〜(7)の動詞は、一人称単数主語の場合は現在を表すことが出来るのだが、その中で(5)〜(7)は三人称主語にすると現在を表せない、もしくは表しにくい動詞であるということである。従って、(5)〜(7)の文を明確に未来を表す文脈に変えると自然な文となるはずなので、以下の文を見てみようと思う。

(8)　彼はそれを聞いたら呆れます。

(9)　政府がこの政策を発表すると、国民は憤ります。

(10)　この通知表を見て、夫が自分の年金金額を知ったら、驚きます。

92 伊藤龍太郎

　上記のように、未来の文脈に変えると、自然な文となる。(3)～(7)が自然かどうか
の判断には個人差があると思うが、それには、それらの動詞が現在を表せるか、もし
くは未来における文脈がそれらの文から感じ取れるか、または、物語文的であると感
じるか、などの感じ方が判断に関係してくるものと思われる。このことは、以下の2
つの文の違いと共通する可能性があると思われる。

(11)　彼はもうじき死ぬと思う。
(12)　彼はもうじき死ぬと思っている。

　つまり、(11)の文では、「思う」の主語が明記されていないが、明記されていなく
ても主語は話し手と解釈されるということである。一方、(12)ではテイル形は主語が
話し手ではない他者になるのだが、「私は」を文頭につけて「私は彼がもうじき…」
とすると話し手が主語になれるということである。この、ル形では無標で主語は話し
手、テイル形では主語を話し手にするには有標にする必要があるという現象と、上記
の心理動詞の振舞いに共通性が見られるということである。

3．心理動詞以外、一人称単数主語、未来を表す無意志動詞の場合

　意志動詞の場合は、「私は帰ります」「私は飲みます」と言えるように、問題なくル
形が使える。これは、話し手がある程度コントロールできる事柄を意志をもって行な
おうとしているわけであるから、自然な文となるのは当然と思われる。しかし、無意
志動詞はどうであろうか。

(1)　出会う　　　：＊私は彼女に出会います。
(2)　巡り会う　　：＊私は彼女に巡り会います。
(3)　見かける　　：＊私は町で昔の知り合いを見かけます。
(4)　授かる　　　：＊私は子供を授かります。
(5)　儲かる　　　：＊私は株で儲かります。
(6)　誤る　　　　：＊私は機械操作を誤ります。
(7)　見誤る　　　：＊私は娘を妻と見誤ります。
(8)　失敗する　　：＊私は次回の試験で失敗します。
(9)　しくじる　　：＊私は次の試験でしくじります。
(10)　見失う　　　：＊私は人ごみの中で、友人を見失います。
(11)　間違う　　　：＊私は答えを間違います。
(12)　間違える　　：＊私は道を間違えます。

（13）　見間違える　　：＊私は長男を次男と見間違えます。
（14）　食べ過ぎる　　：＊私は明日の宴会で刺身を食べ過ぎます。
（15）　飲み過ぎる　　：＊私は明日のパーティで飲み過ぎます。
（16）　とちる　　　　：＊私は口頭試問でとちります。
（17）　遅れる　　　　：　私は授業に遅れます。
（18）　乗り遅れる　　：　私は新幹線に乗り遅れます。
（19）　死ぬ　　　　　：　癌と診察されました。私はもうじき死にます。
（20）　失う　　　　　：　この試合に負けると、私はチャンピオンの座を失います。

　上記のように、心理動詞以外であっても、無意志動詞で未来を表す動詞は一人称単数主語では一般的に不自然のように思われ、心理動詞と同じ現象に見える。しかし、細かく分析すると、まず、(1)(2)(3)の「出会う・巡り会う・見かける」は偶然性が含意されているので、未来の事象を断定的に言うことはもともとできない動詞である。また、(4)(5)の「授かる・儲かる」は受身的な動詞なので、やはり未来の事象を断定的に言いにくいという理由が考えられる。(6)以降の動詞は否定的な動詞であり、話し手がそれを望む文脈が考えにくく、それは意向形が通常使えないという理由でもある。一方、(17)(18)の「遅れる・乗り遅れる」に関しては、例えば、交通渋滞で約束の時間までに目的地に辿り着けない場合、電話で以下のように言って相手に伝えることがある。

（21）　渋滞がひどくて、多少遅れます。
（22）　渋滞のせいで、予約していた新幹線に乗り遅れます。

　これらの文が言えるのは、これらの文脈において予測が可能であるからと思われる。また、(19)(20)においても、自分ではコントロールできないことについて将来を予想して語っている。これらのことを総合して考えると、心理動詞以外の無意志動詞においては、未来の事象であっても予測可能であれば、一人称主語でもル形で自然な文になるということである。また、意志動詞に関しても考えてみると、意向形が言えるということは、実現可能性がある、少なくても話し手はそう思っているということである。そう考えると、実現可能性は予測可能性と同じことであり、意志性は予測可能性の中に含まれることになる。そして、この意志動詞に関する実現可能性と予測可能性は心理動詞についても当てはまると思われるのである。
　また、「＊私はパーティで飲み過ぎます」が、「パーティではいつも飲み過ぎる」ということを言っているのであれば、自然な文である。また、「＊私は道を間違えます」

は不自然に聞こえるが、「私はよく道を間違えます」とすると自然な文となる。これらは恒常的属性によって説明されるべきことでもあるが、予測が可能ということでもある。

　尚、上記の (1) (2) (3) の「出会う・巡り会う・見かける」は、偶然という意味が含まれているので、これらの動詞が未来を表す限り、ル形で使うことはできないと述べたが、そうであっても、以下のように恒常的属性を表す場合は可能である。

(23)　同窓会に行くと、多くの懐かしい旧友に出会います。

(24)　この街角で彼をよく見かけます。

4.　心理動詞以外、一人称単数主語、現在を表す無意志動詞の場合

(1)　　私は英語ができます／分かります。

(2)　　私は 30km なら泳げます／走れます。

(3)　　私はお金が要ります。

(4)　　私にはそのように思われます。

(5)　　私にはそれが見えます／聞こえます。

(6)　　私は大臣になるにはまだ若過ぎます。

　「分かる」「思う」「見える」「聞こえる」は心理動詞に含めることもできるのだが、それ以外の動詞も含めて、上記のように現在を表す無意志動詞では問題なく使える。その理由は、心理動詞の場合と同じで、現在起きている現在の事象を本人が知っているのは当然であるから、ということと思われる。

5.　心理動詞以外、三人称主語、未来を表す無意志動詞の場合

(1)　　出会う　　：＊彼は運命の人に出会います。

(2)　　巡り会う　：＊彼は素敵な女性に巡り会います。

(3)　　見かける　：＊彼は町で昔の知り合いを見かけます。

(4)　　授かる　　：＊彼女は子供を授かります。

(5)　　儲かる　　：＊彼は株で儲かります。

(6)　　誤る　　　：？彼は機械操作を誤ります。

(7)　　見誤る　　：＊彼は自分の兄を弟と見誤ります。

(8)　　失敗する　：＊彼は次回の試験で失敗します。

(9)	しくじる	：	＊彼は次の試験でしくじります。
(10)	見失う	：	＊彼は人混みの中で奥さんを見失います。
(11)	間違う	：	？彼は答えを間違います。
(12)	間違える	：	＊彼は道を間違えます。
(13)	見間違える	：	＊彼は息子と娘を見間違えます。
(14)	食べ過ぎる	：	＊彼は明日の宴会で刺身を食べ過ぎます。
(15)	飲み過ぎる	：	＊彼は明日のパーティで飲み過ぎます。
(16)	とちる	：	＊彼は口頭試問でとちります。
(17)	遅れる	：	彼は授業に遅れます。
(18)	乗り遅れる	：	彼は新幹線に乗り遅れます。
(19)	死ぬ	：	彼は癌と診断されたそうです。彼ももうじき死にます。
(20)	失う	：	彼は次の試合で負けると、チャンピオンの座を失います。

　上記のように、主語が三人称であっても直感的には不自然と思えるのだが、ここでもやはり、話し手からみて予測可能かどうか、という点が決定権を持っていると思われる。すなわち、話し手が、その徴候があるとか、何らかの理由でそう思っている、そうであると知っているという時に言うことが可能になる。例えば、

(21)　（占い師が言う）：あなたは素敵な彼女に出会います。

(22)　（預言者が言う）：あなたは神の子を授かります。

は自然である。偶然が含意されている (21) や、受身的な (22) ですら、自然な文となる。(21)(22) は通常の文脈で考えられるように二人称を主語としているが、三人称主語であっても話し手が占い師や預言者であれば自然な文となる。話し手が占い師や預言者でなくても、

(23)　乗ったタクシーが渋滞に巻き込まれていると山田さんから連絡がありました。
　　　彼は会議に一時間遅れます。

などの文で、無意志動詞で未来の事象を表しているのに自然に聞こえるのは、話し手がそのことを知っている、もしくは、そう信じているからである。それは、" ＊ " や" ？ " のついた全ての文に当てはまるはずである。直感的に不自然と感じられるのは、そういった文脈が直ぐには頭に浮ばないからであると思われる。

6. 心理動詞以外、三人称主語、現在を表す無意志動詞の場合

(1)　彼は英語ができます／分かります。

(2)　彼は 30km なら泳げます／走れます。

(3)　彼はお金が要ります。

(4)　彼にはそのように思われます。

(5)　彼にはそれが見えます／聞こえます。

(6)　彼は大臣になるにはまだ若過ぎます。

　上記のように、現在を表す無意志動詞では一人称主語と同様に、問題なく使える。現在のことでもあり、既に知っている、もしくは、予測可能な文脈が多く考えられるからと思われる。尚、現在の状態であるので、予測というよりも推測可能という表現の方が適切と思われるので、現在の場合は推測可能と呼ぶことにする。

7. 心理動詞、一人称単数主語、未来を表す無意志動詞の場合
　（予測可能性の観点から）

　これまで、心理動詞・心理動詞以外、一人称単数主語・三人称主語、意志動詞・無意志動詞、現在・未来のすべてのケースを分析したはずであるが、心理動詞、一人称単数主語、無意志動詞、未来という組合せのケースを、予測可能という観点から見てみよう。

(1)　去年、誕生日の贈り物をもらって息子は大変喜びました。今年も買ってあげたら息子は大変喜びます。

(2)　去年、誕生日にプレゼントをもらって私は大変うれしかったです。＊今年もプレゼントをもらったら私は喜びます。

(3)　昨年、父が亡くなりました。私は大変悲しみました。母も余命いくばくもないと医者が言っています。＊母が亡くなったら私は大変悲しみます。

　以上の通り、心理動詞・無意志動詞・未来を表す動詞の一人称主語の場合は、予測可能であっても無意志動詞のル形が使えない場合がある。これは、心理動詞で三人称主語の場合と異なるし、心理動詞以外の一人称主語の場合とも異なる現象である。一方で、予測可能な場合には言えると思われるケースもあるのだが、その点については、第 8 章で再度見てみたいと思う。

第5章　一人称主語では使えない動詞

　ここで視点を変えて、他の角度から見てみたいと思う。

　「雨／雪が降る」の「降る」や、「日／年が暮れる」の「暮れる」などは、人間が主語にはなれない動詞であるので、当然ながら一人称主語は、擬人化する場合を除いて不可能である。人間が主語になれる動詞でも、「プレゼントをくれる」という際の「くれる」は原則、一人称を主語とすることができない動詞である。「なつく」という動詞も通常、主語は動物か子供であるし、だからと言って、その子供本人が「私はお父さんよりお母さんになついています」と言うのも不自然に感じられる動詞である。「むずかる（むつかる）」も同様で、通常は子供に関して他の人が話す場合に使われるので、一人称単数主語は取り難い動詞である。また、「いらっしゃる」のような尊敬語も一人称主語は通常の文脈では不可能である。心理状態を表す尊敬表現としては、「お喜びになる」や尊敬の意味の「悲しまれる」「楽しまれる」などだが、これらは一人称が主語にはならない。その他にも、一人称を主語にできない、もしくは使いにくいものが心理動詞に多く見られるので、それを見てみることにしたい。

1．本人が自覚していない事柄を表す動詞

　本人が自覚していないことを第三者が表現する際に使われる動詞がある。例えば、「うぬぼれる」は、"実際以上に自分がすぐれていると思い込んで得意になる"[9]ことである。本人は「うぬぼれている」ことの自覚がないはずなのに、「＊私はうぬぼれます」と言えば、自分が自覚していることを示すことになって矛盾した表現となる。したがって、理論上、一人称単数を主語としての使用は不可能ということになる。この動詞の特徴として、一人称を主語とした場合、テイル形も使えないということがある。本人が自覚していないので、現在の状態を言い表すと矛盾した表現となるからである。過去については言うことが可能で、それは過去の自分を客観的に顧みる場合であり、タ形もしくはテイタ形を使って言うことができる。一方、三人称が主語であれば、ル形・テイル形が使え、当然ながらタ形もしくはテイタ形も使える。

(1)　＊私は得意になってうぬぼれます。
　　　＊私は得意になってうぬぼれています。
　　　　私は得意になってうぬぼれていました。
(2)　＊彼は得意になってうぬぼれます。
　　　　彼は得意になってうぬぼれています。
　　　　彼は得意になってうぬぼれていました。

(3)　＊私はてっきりそうだと思い込みます。

　　　＊私はてっきりそうだと思い込んでいます。

　　　私はてっきりそうだと思い込んでいました。

(4)　＊彼はてっきりそうだと思い込みます。

　　　彼はてっきりそうだと思い込んでいます。

　　　彼はてっきりそうだと思い込んでいました。

　「＊彼はうぬぼれます」「＊彼は思い込みます」が不自然な文であるのは、「うぬぼれる」や「思い込む」が未来を表しており、通常は予測可能な文脈が考えにくいからと思われる。以下のような特殊な文脈を考えると、不自然さが減少し、ほぼ自然な文となる場合がある。「よ」をつけた方がより自然であるが、それは、「よ」などがないと、話し言葉としては硬い表現、物語文的表現になるからであろう。

(5)　　自分だけ合格したと聞いたら、うちの息子はうぬぼれます。

(6)　　自分だけが合格したと聞いたら、うちの娘は自分が天才に違いないと思い込みます。

　この種の心理動詞をまとめたのが次の表4である。

表4　本人が自覚していない事柄を表す動詞

動詞	一人称単数主語＋ル形	一人称単数主語＋テイル形
侮る	＊私は彼を侮ります	＊私は彼を侮っています
甘ったれる	＊私は甘ったれます	＊私は甘ったれています
いきまく	＊私はいきまきます	＊私はいきまいています
浮かれる	＊私は浮かれます	＊私は浮かれています
浮き足立つ	＊私は浮き足立ちます	＊私は浮き足立っています
うろたえる	＊私はうろたえます	＊私はうろたえています
うぬぼれる	＊わたしはうぬぼれます	＊私はうぬぼれています
おごる（奢る）	＊わたしは奢ります	＊わたしは奢っています
思い上がる	＊私は思い上がります	＊私は思い上がっています
思い込む	＊私は思い込みます	＊私は思い込んでいます
買い被る	＊私は彼を買い被ります	＊私は彼を買い被っています
勘違いする	＊私は勘違いします	＊私は勘違いしています
曲解する	＊私は曲解します	＊私は曲解しています
誤解する	＊私は誤解します	＊私は誤解しています

失念する	＊私は失念します	＊私は失念しています
血迷う	＊私は血迷います	＊私は血迷っています
つけ上がる	＊私は付け上がります	＊私は付け上がっています
のぼせる	＊私は得意になってのぼせます	＊私は得意になってのぼせています
みくびる	＊私は彼をみくびります	＊私は彼を見くびっています

2. 偶然性を含意する動詞

　「ひらめく」のように、偶然であるということを含意する動詞も一人称単数主語でル形が使えない。これらの動詞は三人称主語であってもル形が使えない。それは、未来を表す、意志性がない（予測不可能）という条件が揃っているからと思われる。すなわち、仮説2で取り上げた、無意志動詞で未来の事象を表す動詞に属する動詞群に含まれる。これらの動詞は、「ひらめいた」瞬間は本人の自覚があるという点が「本人が自覚していない事柄を表す動詞」とは異なるので、テイル形は使えるはずなのだが、

(1)　＊私にはいいアイディアがひらめいています。

という文は不自然と思われる。この不自然さは、「＊考えついている」にも現れるが、「気づいている」「感づいている」には現れない。例えば、偶然性を含意する動詞ではないが、「＊ぎょっとしている」「＊ドキッとしている」「＊ヒヤッとしている」も言いにくい表現である。これらと「気づいている」「感づいている」との違いは、いずれも進行中ではないので、結果残存と考えられるはずなのに、前者では実は結果が残存していない、すなわち瞬間的に「ぎょっとする」が、その後に元の状態に戻っているのである。一方、後者では、「気づいた」瞬間の前と後では状態が異なり、気づいたことが頭の中に残っているので結果残存と言える。「＊ひらめいている」「＊考えついている」でも、確かに、ひらめいたり、考えついたりしたアイディアが知識として残るのだが、それらの動詞が意味することが、そのことではなく、瞬間的な現象を表現するところにあるために言いづらいのであると考えられる。その中間的なもの、すなわち、人によって判断が異なりそうなのが、「？思いついている」である。「思いつく」が、「気づく」「感づく」と同様に、前と後の違いを示す動詞と捉える人は、「思いついている」が自然に感じられるであろうし、「ひらめく」のように、「思いつく」という瞬間的な事象に焦点が当たっている動詞と捉える人は、不自然と感じるということではないだろうか[10]。
　これらの偶然性を含意する心理動詞をまとめたのが、表5である。尚、心理動詞以外でも偶然性を含意する動詞は、一人称や三人称の主語でル形が使えないのは同様で

100　伊藤龍太郎

ある。それらの動詞としては、既に、心理動詞以外の無意志動詞のところで分析した
「出会う、巡り合う、見かける」や、「出くわす、小耳にはさむ」などの表現が挙げら
れる。

表5　偶然性を含意する動詞

動詞	例文（一人称単数主語）	例文（三人称主語）
思いつく	＊私はいい考えを思いつきます	＊彼はいい考えを思いつきます
感づく	＊私は財布をすられたことに感づきます	＊彼は財布をすられたことに感づきます
気づく	＊私は、彼が近づいて来たことに気づきます	＊彼は、知らない人が近づいて来たことに気づきます
ひらめく	＊私には名案がひらめきます	＊彼には名案がひらめきます
考えつく	＊私はうまいことを考えつきます	＊彼はうまいことを考えつきます

3．否定的な意味合いを持つ動詞

　「本人が自覚していない事柄を表す」動詞類に類似するものも含まれるが、否定的
な意味合いを持った動詞群がある。例えば、「見下す」「さげすむ」のような動詞には、
「社会通念上／倫理上正しいとはされない」という否定的・批判的な評価が込められ
ている。または、「うろたえる」「へたばる」という動詞には「みっともない」「ある
べき姿とは異なる」という、やはり否定的な意味合いが含まれている。これらの動詞
は下の(1)(2)のように、一人称単数主語でル形・テイル形が使いづらい。

(1)　＊私は彼を見下します。
　　　＊私は彼を見下しています。
(2)　＊私は彼をさげすみます。
　　　＊私は彼をさげすんでいます。
(3)　＊思わぬ結果になり、私はうろたえます。
　　　？思わぬ結果になり、私はうろたえています。
(4)　＊私は働きすぎでへこたれます。
　　　？私は働きすぎでへこたれています。

　上記の例で、ル形が使えない理由は、これらの動詞が無意志動詞で、未来の事象を
表わすからでもあるのだが、テイル形が言いづらいのは、否定的な意味合いがあるか
らと思われる。しかし、以下のように他者を主語にして言うことはできる。

(5)　山田さんは佐藤さんを見下しています。

（6）山田さんは佐藤さんをさげすんでいます。

（7）山田さんは、うそがばれてうろたえています。

（8）山田さんは、働きすぎでへこたれています。

　「見下す」や「さげすむ」に類似した意味の「軽蔑する」という動詞がある。また、「うろたえる」と類似した動詞として「動揺する」があり、「へこたれる」と類似する動詞は「疲れる」である。これらと比較してみよう。

（9）＊私は佐藤さんを見下しています。

　　　私は佐藤さんを軽蔑しています。

（10）？思わぬ結果になり、私はうろたえています。

　　　思わぬ結果になり、私は動揺しています。

（11）？働きすぎで私はへこたれています。

　　　働きすぎで私は疲れています。

　これらの結果から「軽蔑する・動揺する・疲れる」には否定的な意味合いがなく、ニュートラルな表現と考えられる。「軽蔑する」は、「見下す」「さげすむ」とほぼ同じことであるが、本人は「軽蔑しているのであって、見下しているのではない」と考えているとすれば、この「否定的な意味合いを持った動詞」であるとともに、「本人が自覚していない事柄を表す動詞」に分類することができるかもしれない。「すねる」「ふてくされる」「ひねくれる」といった動詞も、本人は単に「不満をもっている」のであると自覚している場合もある。こういった自覚にずれがあることを「自覚していない」と解釈することもできるので、これら2つの動詞群の境界線は曖昧である。否定的意味合いを持つ動詞は以下の表6にまとめたが、例えば、表4に載っている「侮る」も、表6に属すると考える人がいてもおかしくはない。

　上記の例文や表6で、"？"をつけたものがある。これらは、後ほど触れるが、否定的な意味合いがあるにも拘わらず、話し手が自分に関しても自嘲的に、または皮肉っぽく使うことがあるからである。

表6　否定的意味合いを持つ動詞

動詞	一人称主語＋ル形	一人称主語＋テイル形
焦る	？そう言われると焦ります	？私は焦っています
あざける	＊私は彼をあざけります	＊私は彼をあざけています

あざ笑う	＊私は皆をあざ笑います	＊私は皆をあざわらっています
慌てる	?私は慌てます	?私は慌てています
うじうじする	＊私はうじうじします	＊私はうじうじしています
うろたえる	?私はうろたえます	?私はうろたえています
おじけづく	＊私は怖気づきます	＊私はおじけづいています
おじける	＊私はおじけます	＊私はおじけています
おののく	＊私はおのきます	＊私はおののいてきます
怯える	?私はおびえます	?私はおびえています
思い惑う	＊私は思い惑います	＊私は思い惑っています
思い迷う	＊私は思い迷います	?私は思い迷っています
おろおろする	＊私はおろおろします	＊私はおろおろしています
勘ぐる	＊私は勘ぐります	?私は勘ぐっています
キレる	＊私はキレます	＊私はキレています
曲解する	＊私は曲解します	＊私は曲解しています
くじける	＊私はくじけます	?私はくじけています
ぐずる	＊私はぐずります	＊私はぐずっています
くよくよする	＊私はくよくよします	＊私はくよくよしています
狂う	＊私は狂います	＊私は狂っています
ぐれる	＊私はぐれます	＊私はぐれています
こじつける	＊私は理由をあとからこじつけます	＊私は理由をあとからこじつけています
さげすむ	＊私は彼をさげすみます	＊私は彼をさげすんでいます
しゅんとする	＊私はしゅんとします	＊私はしゅんとしています
しょげる	?私はしょげます	?私はしょげています
すねる	?私はすねます	?私はすねています
せせら笑う	＊私はせせら笑います	＊私はせせら笑っています
嘲笑する	＊私は彼を嘲笑します	＊私は彼を嘲笑しています
どぎまぎする	＊わたしはどぎまぎします	＊私はどぎまぎしています
嫉む	?私は彼を嫉みます	?私は彼を嫉んでいます。
呪う	?私は彼を呪います	?私は彼を呪っています
ばかにする	?私は彼を馬鹿にします	?私は彼を馬鹿にしています
はにかむ	＊私ははにかみます	＊私ははにかんでいます
パニクる	＊私はパニクります	＊私はパニクっています
ひがむ	?私はひがみます	?私はひがんでいます
びくつく	＊私はびくつきます	＊私はびくついています
びくびくする	＊私はびくびくします	＊私はびくびくしています
びびる	＊私はびびります	＊私はびびっています
ひねくれる	＊私はひねくれます	＊私はひねくれています
ひるむ	＊私はひるみます	＊私はひるんでいます

ふてくされる	＊私はふてくされます	＊私はふてくされています
へたばる	＊私へたばります	？私はへたばっています
へこたれる	？私はへこたれます	？私はへこたれています
舞い上がる	＊私は舞い上がります	＊私は舞い上がっています
まごつく	＊私はまごつきます	＊私はまごついています
まごまごする	＊私はまごまごします	＊私はまごまごしています
見下す	＊私は彼を見下します	＊私は彼を見下しています
めろめろになる	？私はめろめろになります	？私はめろめろになっています
狼狽する	？私は狼狽します	？私は狼狽しています

　上記の動詞の中には、人によっては自然であると感じられる動詞もあると思われる。例えば、「私は焦っています」もしくは「そう言われると私は焦ります」というような表現は耳にすることや自分で言うこともあり得る。「焦る」以外にも、「慌てる」「うろたえる」「怯える」「勘ぐる」「くじける」「嫉む」「呪う」「ひがむ」「めろめろになる」「狼狽する」などは一人称主語での表現があってもおかしくはない。こういった表現が自然であると考える場合、ル形が自然な場合は表 6 から抜いて表 2 に入れる、ル形は不自然だがテイル形が自然な場合には表 3 に移す、ということにより、個人個人の表を作ることが出来るわけである。これらの動詞が一人称主語で使われる場合があり得る理由の 1 つの自嘲的な意味合いで使う場合とは、以下のような表現である。特に言い訳を言う時や、相手を非難する時などに使われるようである。

(12)　いやぁ、ばたばたして、すみません。
　　　いやぁ、あたふたして、お待たせしちゃいました。
(13)　そんなこと言うんだったら、ひがみますよ。
　　　突然そんなこと言うから慌てちゃうじゃないですか。

　また、「ちょっと焦ろうか」や「ちょっと慌てよう」などと言う場合もあると思うが、その場合の「焦る・慌てる」の意味は本来の意味ではなく、「急ぐ」という意味で使われていると考えることができる。
　また、否定的な意味合いの感じ方や、「みっともなさ」の度合が人によって異なることも充分に考えられるのだが、否定的な意味合いがあるかを知るテストとしては、例えば、誰かが自分のことについて噂をしているのを、偶々、小耳に挟んだと仮定してみると良いと思われる。その場合に、自分は批判されている、馬鹿にされているという風に感じて不快感を持つとすれば、否定的な意味合いが含まれているということである。ある人が「彼はへたばっているよ」と言っているのを聞いた場合、「そうな

んだ。僕はへたばっているんだ」と思うか、「そうじゃない、多少は疲れてはいるが」と感じるかである。個人によっても異なるし、誰がそれを言っているか、その時の自分の気分や体調などにも依るかもしれない。

　また、心理動詞以外の「くたばる」「つけ込む」「どじる」「とっとと帰る」のような動詞や表現も否定的な意味合いを持っており、自嘲的な言い方は可能であるが、一人称主語では使いづらいと思われる。「こじつける」「曲解する」も同様であるが、これらは心理動詞に含めることも可能かもしれず、一応、表6に載せてある。

4.　「〜がる」「〜ぶる」

　「他者の心の中は周りの人間には分からない」という原則があって、一般的には、「＊田中さんは水が飲みたいです」ということが言えないとされる。それを補完する意味で、「飲みたがる」という動詞を使って「田中さんは水を飲みたがっている」という表現をするとされている。要するに「〜がる」は他者の人の心理状態を表すために作られた動詞で、「願望を外に示している」という含意がある。従って、「〜がる」は一人称主語では使いにくいという考えが成立つ。話し手の心理状態を表すためには、例えば「私はいやだ」と言えばこと足りるわけで、それを言うことによって、他者に対して「いやがっている」状態を示すことになるので、余分な要素を加えて「＊私は嫌がっている」と言う必要はないわけである。この「〜がる」の類には、「いきがる、痛がる、嫌がる、うるさがる、嬉しがる、惜しがる、面白がる、悲しがる、辛がる(つらがる、からがる)、苦しがる、煙たがる、恋しがる、怖がる、〜したがる、通がる、強がる、欲しがる、迷惑がる」などがあり、一人称単数主語でル形・テイル形では使えないし、テイタ形・タ形でも使いにくい。これらの動詞は否定的な意味合いを持つものが多いので、更に使いにくいと考えられる。但し、「可愛がる」は例外的に一人称単数主語でも言えるのだが、それは典型的な「〜がる」のつく動詞とは異なって、心理状態を外に示すという意味合いがなく、かつ、否定的な意味合いもないからであると思われる。(「可愛がる」は表1に分類してある)

　「えらぶる」のような「〜ぶる」のつく動詞も同様に、そういう心理状態や属性を外に示す動詞であるので、一人称単数主語では使われない。また、この「〜ぶる」のつく動詞も「否定的な意味合いを持つ動詞」に属するものと思われる。「〜ぶる」には「大人ぶる、偉ぶる、見識ぶる、通ぶる、体裁ぶる、もったいぶる、様子ぶる」などがある。尚、「(気持ちが)高ぶる」には否定的な意味は含まれていないので本稿では表2に載せてある。

一人称単数主語の場合の心理動詞の使用に関する考察　105

第6章　恒常的属性に関して

　次に、「恒常的属性」について見ようと思う。「恒常的属性」とは、普遍的事実や反復・習慣と言われるもので、「よく、いつも、常に」などの副詞とともに使われることが多い。「恒常的属性」の次に「物語文」と呼ばれるものについても触れてみようと思う。

1．普遍的事実

　「普遍的事実」とは、

(1)　　人間は皆、いつかは死ぬ。
(2)　　強い者は常に勝つ。

の類の表現であるが、必ずしも実際に普遍的な事実ではなくても、話し手がそう信じている場合はそのように呼ばれるようである。心理動詞を用いた場合は以下のような文が考えられる。

(3)　　人間は子供や孫が産まれると喜ぶ。
(4)　　人々は親しい者が亡くなると悲しむ。
(5)　　この映画を見ると、誰もがほろりとします。
(6)　　人は皆、故郷を懐かしみます。

　上記の動詞は全て、表3から選んだものである。すなわち、一人称単数主語ではル形が使えない動詞で、三人称主語の場合は、予想可能の場合にのみ使えるものである。普遍的事実であるので、三人称主語では予測可能であると言うことができる。しかし、これらの文は、通常、主語は「人」「人間」や特定の集団というような三人称であって、「私達」や「我々」のような一人称複数が主語になることはあっても、「私」のような一人称単数を主語にして普遍的事実を意味する文脈を考えることは大変に難しい。従い、普遍的事実に関しては、一人称単数主語は使えないことになる。

2．反復・習慣

　まず、心理動詞以外の動詞での、一人称単数主語の反復・習慣を示す文を見てみよう。(1)のみが意志動詞で、(2)～(9)は未来を表す無意志動詞で、全て一人称単数主語である。以下の(1)～(10)のように、通常、自然な文が作ることができる。

(1)　私は毎日、電車で大学に通います。

(2)　私はこの旧式の機械では、いつも操作を誤ります。

(3)　私は毎年、期末試験ではいつも失敗します。

(4)　私はいくら練習してもバントをしくじります。

(5)　私は二年毎に子供を授かります。

(6)　私はおいしいワインがあるとついつい飲み過ぎます。

(7)　私は歌詞カードがないと、いくら練習しても歌詞をとちります。

(8)　私はしょっちゅう授業に遅れます。

(9)　私は忘年会シーズンに遅くまで飲みすぎて、よく終電に乗り遅れます。

　次に心理動詞の無意志動詞の例を見てみよう。一人称単数主語と三人称主語を並べ
てある。

(10)　生徒数が多いので、採点する立場の私は試験のたびにうんざりします。(現在、
　　　一人称)
　　　生徒数が多いので、採点する立場の先生は試験のたびにうんざりします。(現
　　　在、三人称)

(11)　この通りは歩道を自転車が通ります。自転車がそばを通るたびにヒヤッとしま
　　　す。(未来、一人称)
　　　自転車がそばを通る度に歩行者はヒヤッとします。(未来、三人称)

(12)　私は人前で話す時、いつもあがります。(未来、一人称)
　　　彼は人前で話す時、いつもあがります。(未来、三人称)

(13)　同期会に彼が来ると、私はいつもしらけます。(未来、一人称)
　　　同期会に彼が来ると、山田さんはいつもしらけます。(未来、三人称)

(14)＊私は、プレゼントをもらうといつも喜びます。(未来、一人称)
　　　うちの子はお小遣いを上げるといつも喜びます。(未来、三人称)

(15)＊私は同期が入院する度に悲しみます。(未来、一人称)
　　　孫達が家に帰って行くたびに、母は孫との別れを悲しみます。(未来、三人称)

(16)＊私は地震があるといつも津波を恐れます。(未来、一人称)
　　　？妻は地震があるといつも津波を恐れます。(未来、三人称)

(17)＊毎朝起きた時、私はぼーっとします。(未来、一人称)
　　　？毎朝起きた時、彼女はぼーっとします。(未来、三人称)

　心理動詞、未来を表す無意志動詞で一人称単数主語の場合は、(10)～(13)のよう

に反復・習慣でル形が使える場合もあるが、(14)～(17)のように、反復・習慣の文脈にしても使えない場合もあることを指摘しておきたい。三人称主語でもやや不自然なものもある。他人の心の中は分からないという原則がここまで影響を及ぼしている可能性もあるのだが、正確な理由については分析ができていない。

3. 物語文

　物語文は、「語り」ともいわれることがある文体である。日常的会話で相手に何かを伝える文（「報告」と呼ばれる場合がある）に対して、物語や小説の地の部分が「物語文」である。物語文では他者の心理状態の表現も出来るし、自分の心理状態を客観的に述べることもできる。以下がその例である。

(1)　蜜子も、SF作家がバー小説を書き出してはおしまいだと思う[11]。

　また、

(2)　1789年、フランス革命が始まり共和政が敷かれるが、その数年後にはナポレオンによる帝政が始まる。

のように明らかな過去の事象であるのにル形で表現することがあり、この主のル形は「歴史的現在」と言われることもあるようだ。例えば、日記、もしくは自伝で、

(3)　2000年春、和子に結婚を迫られた。許婚のいる私は戸惑う。和子が諦めたのでほっとする。2002年春、許婚と結婚し、東京に落着く。2002年夏、第一子を授かる。長男の誕生を妻とともに喜ぶ。しかし、喜びもつかの間、2003年初め、転勤となり単身赴任を余儀なくされ落胆する。しかし、気を取り戻し、仕事に励む。

というような言い方も可能なわけである。

4. 条件文

　恒常的属性と言うが、実は、これも境界が定かでない場合がある。特に条件文に関しては注意を要するようである。条件文とは「～と」「～たら」などで表される文であるが、例えば、第2章、4項で挙げた例をもう一度見てみる。

(1) ?舞台に立つと私はあがります。
(2)　舞台に立つと私はいつもあがります。

　(2)の文は、反復・習慣する事象であるので自然な文であるが、(1)の文では余りはっきりしていない。これから舞台に初めて上がる人が(1)のように言うと不自然であるが、いつも舞台に上がっている人が、「舞台に上るたびに…」という意味で言うと自然である。第3章の個人差のところで「恒常的属性があるのかどうか…の感じ方が人それぞれ異なるために個人差がでる…」と述べた理由の1つはこのことである。条件文そのものは恒常的属性を表すわけではないのだが、文脈からしてそれを感じさせる文があるということである。
　次の文を見てみよう。(3)の最初の文は、表3に載せた例文である。

(3) ＊今日は、朝からカレーでげんなりします。
　　　今日は、朝からカレーでうんざりします。
(4) ＊毎日カレーでげんなりします。
　　　毎日カレーでうんざりします。
(5)　毎日カレーだとげんなりします。
　　　毎日カレーだとうんざりします。
(6) ?夕食がカレーだとげんなりします。
　　　夕食がカレーだとうんざりします。

　(3)〜(5)のそれぞれの2つの文の違いは、動詞が「げんなりする」なのか、「うんざりする」なのか、というところだけである。(3)の文で、上の文が不自然で、下の文が自然なのは、2つの言葉のもつ否定的な意味合いの程度の違いとも考えられるが、それよりもむしろ、「げんなりする」が未来を表し(表3)、「うんざりする」が現在を表せる動詞(表2)だからであろう。ところが、(4)で、これらの動詞を反復・習慣の文脈にしても、「げんなりする」は馴染まないのである。(5)の文は条件文であり、「げんなりする」でも自然な文となる。(6)は、条件文を維持しながら、反復・習慣の文脈を除いたものである。(6)の自然かどうかの判断は微妙であるが、上の文では多少の不自然さが残るが、(4)の上の文よりは不自然さが減っているのではないかと感じられるのではないだろうか。その判断は個人差があるとは思うが、仮にそれが正しいとすれば、その理由は、条件文のもっている恒常的属性を表す傾向なのではないかと思われるのである。

5. 恒常的属性と一人称主語

条件文を使って、一人称単数主語と三人称主語を比較してみる。

(1)　減税が実施されると給与所得者は喜びます。
(2)　減税が実施されるたびに山田さんは喜びます。
(3)　減税が実施されると山田さんは喜びます。
(4)　＊減税が実施されて山田さんは喜びます。
(5)　減税が実施されて山田さんは喜んでいます。

　上記の一連の文の自然さに関しては、以下のような説明が可能ではないだろうか。(1)は給与所得者という特定の集団における普遍的事実と考えることが可能である。もしくは、三人称主語での予測可能な未来という解釈もできる。(2)は反復・習慣と捉えることができる。(3)は特に恒常的属性には類さないが、予想可能であるから自然であると考えられる。(4)は、前件で既に減税が実施されていることを示しているので、後件で現在の状態を表わす必要があるが、「喜ぶ」が未来しか表すことができないので、不自然な文となっている。したがい、(5)のように、テイル形にして後件が現在を表すようにすると自然な文となる。この(1)～(5)の主語を全て「私」に変えてみると以下のようになる。

(6)　＊減税が実施されると私は喜びます。
(7)　＊減税が実施されるたびに私は喜びます。
(8)　＊減税が実施されると私は喜びます。
(9)　＊減税が実施されて私は喜びます。
(10)　減税が実施されて私は喜んでいます。

　(6)は、普遍的事実を一人称主語で表せないことを示している。(7)は反復・習慣であっても、「喜ぶ」を一人称主語では使えないことを示している。(8)は(6)と同じ文ではあるが、(3)との比較で言うと、予測可能であっても「喜ぶ」を一人称主語で使えないことを示している。(9)の不自然さは(4)の不自然さと同じ理由に依るのであろう。(10)は「喜ぶ」は一人称主語でテイル形であれば使えることを示している。
　以上から、普遍的事実と反復・習慣に関して、三人称主語よりも一人称主語が制約が大きいということが言えると思われる。感情動詞のル形が使用できる範囲が、感情主が話し手の場合に狭められることの理由の1つであろう。

第7章　感情形容詞と感情動詞（心理動詞）との違い

　次に、感情動詞と感情形容詞を比較して見てみたいと思う。一般的に感情形容詞は話し手の感情を表すのに対し、感情動詞は他者の感情を表すのに適していると言われることがある。その根拠となるような現象を見ておくことにしたい。

1.　感情形容詞は話し手の感情、感情動詞は他者の感情を表すのか

　いくつかの現象をみてみたいと思うが、まず、次の文を見てみよう。

(1) a. 大学合格おめでとう。合格したことはご家族には伝えましたか。
　　b.…はい、母に電話で伝えました。　　母は大変喜んでいました。
　　c.…はい、母に電話で伝えました。　　＊母は大変うれしかったです。
(2)（テレビのニュースでテロで殺された子供の傍らで泣き叫んでいる母親を見て）
　　a.…　お母さんは悲しんでいる。
　　b.…＊お母さんは悲しい。

　「＊彼は水が飲みたい」と言えないのは、他者の心の中は分からないからということであるが、上記の例文は、周辺の事情やその人の様子から推測ができる場合であっても感情形容詞は他者に関しては使えないということを示している。(1c)は英語で "She was very happy." と言えるし、(2b)は "She is sad." と言えるであろう。ここに日本語と英語の差が見られる。一方、自分の感情を表す場合はどうであろうか。

(3) a. 大学合格おめでとう。どうですか、今のお気持ちは？
　　b.…はい、　大変嬉しいです。
　　c.…はい、？大変喜んでいます。
(4)　（テロで子供が殺されて）
　　a.　…　私は悲しい。
　　b.　…＊私は悲しんでいる。

　上記の例文では、自分の感情を伝える場合は形容詞の方が適していることを示している。(3c)は言えなくもないのだが、多少、自分を客観視している感じが残る。

(5) a.　息子さんの就職が決まったらしいですね。
　　b.　はい、大変うれしいです。

一人称単数主語の場合の心理動詞の使用に関する考察　111

  c. はい、大変喜んでいます。
(6) a. （パーティ会場で）どうですか、今日のパーティは？
  b. はい、とっても楽しいです。
  c. はい、楽しんでいます。

 (5) の例の (5b) 答えは、自然な受け答えであり、うれしいのは話し手であることが分かるが、(5c) の答えでは、喜んでいるのが話し手なのか、就職が決まった息子なのかが分からない。(6) の例では、(6b) の答えが通常の受け答えと思えるが、(6c) の答えは若干、客観的に見ている感じがする。また、一人でパーティに来た人であれば (6b) のように答え、友達同士や夫婦でパーティに出ている人の場合は、(6c) の答えの方が自然かもしれない。つまり、「私達は楽しい」よりも「私達は楽しんでいる」の方が座りの良い表現だからである。ここでも、感情動詞は他者の感情を表すのに適していると言えそうだが、それは、形容詞ではなく動詞であるからそうなのか、第 4 章の 2 項で見たような、ル形ではなくテイル形だからそうなのかは判然としない。

2.　物語文との関係
 金水 (1989: 22) は、「＊太郎は水が欲しい」が不自然な文であるのに対し、「太郎は水が欲しかった」と過去形にすると人称制限が無くなり自然な文になるという寺村 (1984: 345–351) の分析に対して、以下の例を挙げて反論している。

(1) その時、太郎はどうだった。…うん、＊？水が欲しかった。
(2) その時、君はどうだった。…うん、水が欲しかった。

 上記の (1) は座りの悪さがあり、「水が欲しかったようだ」とすると座りの良い文となるという現象を捉えて、過去形にしても人称制限が完全に無くなっているわけではないと指摘し、「太郎は水が欲しかった」という文が座りが良いと感ずるのは、「語り」の文と読み取ってしまったからであろうと推察している。この金水の仮説を更に推し進めると、「私は悲しんでいる」という言い方は、「語り」の要素を含むために、話し言葉としては多少の座りの悪さがあるということも考えられる。つまり、以下のようにまとめることが可能となる。△は「語り」（＝物語文）として文法的であるということを示す。

	ル形	テイル形	タ形	テイタ形
一人称主語　私は悲しい	○			
私は悲しかった			○	
私は悲しむ	×			
私は悲しんでいる		△		
私は悲しんだ			△	
私は悲しんでいた				△
三人称主語　彼は悲しい	×			
彼は悲しかった			△	
彼は悲しむ	○			
彼は悲しんでいる		○		
彼は悲しんだ			○	
彼は悲しんでいた				○

　上の表は、一人称主語には形容詞が適しており、動詞は物語文として容認されることがあるが、それでも多少の座りの悪さが残るのに対し、三人称主語には動詞が適しており、形容詞にすると多少の座りの悪さがあるものの、物語文として容認されることがあるということを示している。

3. 感情形容詞が話し手の感情を表すという現象

　人の心の中は他者には分からないのだから、「＊彼は楽しい」という表現は非文とされる。しかし、それは「私は楽しい」と同じ構文であると考えるからであって、「彼は楽しい人だ」という意味で使うと、「彼は楽しい」も自然な文である。例えば、「面白い本」という表現では、本は無情物であるので「面白い」という感情を抱くのは有情物である話し手としか考えられないのだが、「面白い人」というように被修飾語が有情物であっても、「面白い」と感じている感情主は話し手（もしくは、話し手を含む一般の人）であって、被修飾語の「人」ではない。これを「人」を感情主とする場合は感情を惹き起こす原因となる物や人（通常、ガ格で示される）を明記しないといけない。例えば、

(1)　（運動会の次の日に先生が生徒に聞いている）：運動会が楽しかった人は手を挙げてくださぁ～い。

　上記の例では、「楽しかった」のは「人」の方である。ここでは過去形であるが、

「サッカーを見て楽しい人」のようにル形でも言い表すことができる。

　以下の例は、すべて感情主は話し手であるが、(2)であれば、「花子さんがいとおしい人」、(3)であれば、「あのカップルが羨ましい人」というふうに感情の誘因を明記すると、「人」が感情主になる。逆に言えば、明記しない限り感情主は話し手ということになり、感情形容詞の感情主は原則、話し手であるということを裏付けている。また、対応する感情動詞がある感情形容詞においては、感情動詞の連体形を「人」につけることにより感情主を「人」にすることができるが、それ単独では明確ではない場合も多く、誘因、もしくは感情主を明記する必要がある場合が多い。つまり、感情動詞の場合は、それだけでは感情主が分からないということを裏付けており、前項1で挙げた例と共通している。

	感情主：話し手	誘因を明記すると[人]になる	感情主を明記する
(2)	いとおしい子	→（わが子を）いとおしむ人	→皆がいとおしむ子供
(3)	羨ましい人	→（同輩を）羨む人	→皆が羨む同輩
(4)	惜しい人	→（別れを）惜しむ人	→皆が惜しむ別れ
(5)	面白い人	→（芝居を）面白がる人	→皆が面白がる芝居
(6)	可愛い子供	→（子供を）可愛がる人	→皆が可愛がる人
(7)	煙たい相手	→（相手を）煙たがる人	→皆が煙たがる相手
(8)	嫌いな人	→（独裁者を）嫌う民衆	→民衆が嫌う独裁者
(9)	恋しい人	→（故郷を）恋しがる被災者	→被災者が恋しがる故郷
(10)	怖い先生	→（校長を）怖がる先生	→皆が怖がる校長先生
(11)	（大）好きな人	→（中華料理を）好む人	→皆が好む料理
(12)	親しい人	→（本に）親しむ人	→皆が親しむ本
(13)	じれったい娘	→（娘を）じれったがる親	→親がじれったがる娘
(14)	楽しい人	→（試合を）楽しむ人	→皆が楽しむ試合
(15)	つまらない人	→（漫画を）つまらながる人	→皆がつまらながる漫画
(16)	懐かしい友	→（昔を）懐かしむ友	→友が懐かしむ昔
(17)	憎い親の仇	→（親の仇を）憎む武士	→武士が憎む親の仇
(18)	腹立たしい泥棒	→（泥棒に）腹立つ被害者	→被害者が腹立つ泥棒
(19)	誇らしい息子	→（息子を）誇る父親	→父親が誇る息子
(20)	欲しい選手	→（その選手を）欲する監督	→チームが欲する選手
(21)	まぶしい先輩	→（先輩を）まぶしがる後輩	→後輩がまぶしがる先輩

　但し、話し手が必ずしも感情主にはならない感情形容詞もある。例えば、「幸せな

／幸福な／不幸なカップル」における感情主は話し手ではなく、カップルである。「憂鬱な人」は多少曖昧であるが、話し手が感情主となる文脈が考えにくく、恐らく「人」を感情主とするのが通常であろう。また、感情形容詞とは言えないかもしれないが、「元気な人」では、元気なのは「人」である。これらはナ形容詞であり、名詞に近い形容詞であるので、ある程度納得もできるが、ナ形容詞でも「愉快な／不愉快な人」「好きな／嫌いな人」のように感情主は話し手である場合もある。また、イ形容詞でも、感情主が話し手なのか「人」なのか不明瞭で、それ以外の説明文が必要な形容詞も見られる。例えば、「嬉しい人・悲しい人・苦しい人・寂しい人・残念な人・つらい人・恥ずかしい人」などである。これらの形容詞では、もっと説明がされないと感情主が誰であるか判明しない曖昧な表現になる。これらの形容詞には典型的な感情形容詞と思われるものが多く、感情形容詞は話し手の感情を表わすという傾向と矛盾しているのである。

　参考までに、感情形容詞のリストを表7とまとめ、対応する感情動詞も記載してみた。感情形容詞を網羅したわけではないが、心理動詞と比較して、感情形容詞（心理状態を表す形容詞）の数は余り多くないようである。

表7　感情形容詞と対応する感情動詞

（[　]内の語は現在では使われていない）

形容詞	対応する動詞	～がる	備考
〈イ形容詞〉			
痛い	痛む	痛がる	「痛んでいる」は別の意味合い
愛しい・愛おしい	いとしむ・いとおしむ	愛しがる・愛おしがる	
嫌味たらしい			
いやらしい			
うらめしい	うらむ	うらめしがる	漢字は「怨めしい」「恨めしい」
羨ましい	羨む	羨ましがる	
嬉しい	[うれしむ]	嬉しがる	意味的には「喜ぶ」
可笑しい		可笑しがる	
惜しい	惜しむ	惜しがる	
恐ろしい	恐れる	恐ろしがる	
面白い		面白がる	
かったるい			
悲しい	悲しむ	悲しがる	
痒い		痒がる	
可愛い		可愛がる	「可愛らしい」

決まり悪い		決まり悪がる	
気持ちいい			
気持ち悪い			
口惜しい	悔やむ	口惜しがる	「悔しい・悔しがる」という漢字もある
苦しい	苦しむ	苦しがる	
煙たい		煙たがる	
恋しい	恋する	恋しがる	
心地よい			
怖い		怖がる	意味的には「恐れる」
寂しい	［さびしむ］	寂しがる	
すまない		すまながる	
親しい	親しむ		「親しい」は人、「親しむ」は物が対象
じれったい	じれる	じれったがる	
楽しい	楽しむ	楽しがる	
だるい	だれる	だるがる	
つまらない		つまらながる	
つらい		つらがる	
照れくさい		照れくさがる	
嘆かわしい	嘆く		
懐かしい	懐かしむ	懐かしがる	
苦々しい			
憎い	憎む	憎らしがる	「憎らしい」「憎たらしい」
眠い	眠る	眠がる	「眠たい」「眠たがる」
望ましい	望む		
恥ずかしい	恥じる	恥ずかしがる	「気恥ずかしい」
腹立たしい	腹立つ		
誇らしい	誇る		
欲しい	欲する	欲しがる	
まぶしい		まぶしがる	
［憂い］	［憂う・憂える］		「物憂い」
喜ばしい	喜ぶ		
侘しい	［侘しむ］	わびしがる	［侘びる・侘ぶる］
〈ナ形容詞〉			
嫌だ（いやだ）		嫌がる	
嫌いだ	嫌う		「大嫌いだ」
結構だ			
残念だ			
心配だ	心配する		

好きだ	好く		「好む」も対応。「大好きだ」
幸せ／不幸せだ			「不幸だ」
満足／不満だ			
憂鬱だ			
愉快／不愉快だ			
ご機嫌／不機嫌だ			

4. 心理動詞の感情形容詞との類似性

　第4章で、主語が一人称単数の時にのみ現在を表す動詞（「驚く・憤る」など）を見たが、これらの動詞は感情形容詞と幾つかの類似点を持っている。1つ目は、話し手の現在の感情を表すが、他者の現在の感情は表し難いということであり、2つ目は動詞にも依るのだが、感情を引き起す誘因が、形容詞のようにガ格を取る場合があるということである。心理動詞は通常、その感情の誘因となるもの、もしくは感情の対象となるものは、ヲ格か二格で表すのだが、ガ格を取ることもできる動詞があるということである。それらの動詞は、総じて、通常二格を取る心理動詞であって、総記のガ格を取ることができるということのように思われる。寺村（1982: 140）では、感情を表す動詞をヲ格を取るものと二格を取るものに分けた上で、二格を取る感情動詞は動詞に近く、ヲ格をとる感情動詞は形容詞に近いということになっており、ここで述べていることと正反対ではあるが、とりあえず、その現象について例文を通して見てみたい。

(1)　あの場で彼がそんなことが言えるということが、僕は呆れるんだ／驚くんだ／腹が立つんだ／苛立つんだ。

(2)　それが困るんだ／いらいらするんだ／うんざりするんだ／ぞっとするんだ／はらはらするんだ／びっくりするんだ／ほっとするんだ／まいるんだ／むかつくんだ／むっとするんだ／面食らうんだ／弱るんだ／わくわくするんだ。

　上記の文の中には、特にガ格の使用に関して、人によっては多少座りの悪さを感じる文もあるかもしれない。また、上記の文の動詞は話し手の心理状態を表してはいるのだが、それよりもむしろ、その誘因となる事象の属性を表しているという感じもするのである。例えば、

(3)　僕にはそれが面白い。
　　　僕にはそれが困る。

（4）　その仕事は面白い。
　　　その仕事は疲れる。

というふうに、述語の品詞が異なる以外は、同じ構文となっているところが、形容詞的であると感じさせる1つの原因になっているのかもしれない。そもそも属性を表すというところが形容詞的であるのだが、その属性が何らかの理由で恒常的であることを感じさせる場合（そもそも、属性はある程度の恒常性を伴うものだと思われるが）は、ル形のままで現在の状態を表すことが可能となる。しかし、それは一人称主語に限ったことであり、三人称主語の場合は、他者の心の中は分からないという理由で、ル形では表せず、テイル形で表すこととなるということかもしれない。

第8章　心理動詞の分類について

　第3章で心理動詞の定義・範囲・分類について触れたのだが、中途半端なところで終わっていた。仮定1と仮定2が心理動詞のみならず、他の動詞にも当てはまるかというところを見て、更に考察することになっていた。心理動詞とそれ以外の動詞の違いという点は、次の第9章にまとめてあるが、簡単にいうと、三人称主語では、ル形が言えるか、言えないかは、心理動詞でもそれ以外でも、推測・予測可能かどうかということによって決まるということであるが、一人称単数主語においては、心理動詞の未来を表す無意志動詞では、予測可能であっても言えないものがあるということである。しかし、次のような文があり、文として自然である。

（1）　　今日は大学で講義4つ、明日はバイト、明後日は国から親が来て相手しなきゃないし、その次の日からサッカークラブの合宿だ。ホントに疲れる／くたびれる。
（2）　　今年の夏、国に帰っても友達もいないし、退屈するよ。
（3）　　新しい仕事は大変だけど、その内に自然に慣れます。

　（1）の「疲れる」の場合では、話し手は一般論化して語っている、すなわち発話時点で既に疲れているとも思えるが、未来の事象を言っているとも解釈できる。未来とした場合に、「疲れる」という心理動詞が無意志動詞であるのに未来について言えるのは予測可能であるからであろう。（2）の「退屈する」は未来を表しているが、一人称単数主語で自然な文になっている。「きっと」などの言葉を入れるとより座りが良くなるが、なくても自然な表現に思える。また、（3）においては、「慣れる」は意志動

詞と整理し、表1に載せてあるのだが、この文の「自然に」を削除し、「必ず」とか「何とかして」という表現を入れると「慣れよう」とする意志が感じられるのだが、「自然に」があると意志性は薄れ、この文脈では無意志動詞とするべきと考えられる。これらの現象は、仮説2で述べた「未来を表す無意志動詞は、一人称単数主語でル形が使えない」ということと矛盾する。しかし、恐らくこの矛盾は仮説2が間違っているのではなく、心理動詞の範囲に依るのではないだろうか。つまり、「疲れる」「くだびれる」「退屈する」「慣れる」などの動詞が、典型的な心理動詞、もしくは典型的な感情動詞とは異なった使われ方をするということではないかと思われる。これらの一人称単数主語で予測可能としてル形が使える心理動詞が他にどれくらいあるのか、それらに共通した点は何かを探る必要がある。予測・推測可能でも使えない動詞と使える動詞を区分して、例えば、生理状態を表す動詞が該当するのか、更に詳細を分析しなければならない。もしくは、心理動詞内の分類の話ではなく、語彙的な理由によるものである可能性もある。しかし、本稿ではそこまでの分析をする余裕がなかったので、今後の課題として残しておきたい。

　また、反復・習慣という文脈でも、一人称単数主語では使われない動詞というものもあったし、中には三人称主語にしても難しいものがあった。これらの使える動詞と使えない動詞の区別をして、分類してゆくことも必要である。

　このような分析を通じて、本来の感情動詞とその周辺の心理動詞との境界線を明確化できる可能性がある。境界線を明確化するために分析をするということではなく、振舞い方の異なる動詞を分けることによって、なぜそうなるのかということが分かってくるということが重要であり、そうなって初めて意味のある分類ができるということであると思われる。

第9章　まとめ

　動詞全般について、一人称単数主語がル形で使えない動詞や表現がある。すなわち、人間が主語になることのない動詞（「降る」「暮れる」など）、尊敬語（「おっしゃる」「お喜びになる」「悲しまれる」など）、語彙的に不可能な動詞（授受動詞の「くれる」、「なつく」「むずかる」など）などである。恒常的属性を表す場合や物語文においても、ル形が使えない、もしくは使いにくいのは、話し手に自覚がないことが前提となっている動詞（「思い込む」など）、否定的な意味合いを持つ動詞（「さげすむ」など）、偶然を含意する動詞（「巡り会う」など）、「～がる／～ぶる」のつく動詞などである。上記以外の動詞に関し、以下の通りまとめることができる。

1．一人称単数主語の場合の心理動詞

(1)　意志動詞（意向形の言える動詞）の場合、ル形の言い切りの形で自然な文となる。（＝仮説1）
(2)　無意志動詞では、現在を表している場合はル形で自然な文ができるが、未来を表す場合はル形では不自然な文となる。（＝仮説2）
(3)　但し、上記(2)には当てはまらない心理動詞もある。即ち、未来を表す無意志動詞で、予測可能であれば一人称単数主語でル形が使えるものがある。それは、仮説2の例外というより、心理動詞の分類の話であって、心理動詞とそれ以外の動詞の間にも段階性・連続性があるということと思われる。
(4)　段階性・連続性に関連すると思われる現象であるが、反復・習慣を表す文脈においても一人称主語ではル形を使えない動詞もある。
(5)　一人称主語ではル形が現在を表すことができる心理動詞であっても、三人称主語では現在を表すことができないものがある。

2．動詞全体からみた分類

　心理動詞以外、三人称主語も視野に入れると、以下の表のようにまとめることができる。（○はル形を使って自然な文ができることを示し、×はル形で自然な文ができないことを示す。—は、それに該当する動詞がないことを示す。）

				一人称単数主語	三人称主語
心理動詞	意志動詞	現在	推測可能	○	○
			推測不可能	—	×
		未来	予測可能	○	○
			予測不可能	—	×
	無意志動詞	現在	推測可能	○	○
			推測不可能	—	×
		未来	予測可能	×	○
			予測不可能	×	×
心理動詞以外	意志動詞	現在	推測可能	○	○
			推測不可能	—	×
		未来	予測可能	○	○
			予測不可能	—	×
	無意志動詞	現在	推測可能	○	○
			推測不可能	×	×
		未来	予測可能	○	○
			予測不可能	×	×

120　伊藤龍太郎

　上の表は次のように読むことができる。

(1)　　三人称主語に関しては、心理動詞でもそれ以外の動詞であっても、推測・予測
　　　可能であれば使え、推測・予測不可能では使えない。
(2)　　上記の表において、一人称主語が三人称主語との違う点は、次の2点である。
　　ⅰ 意志動詞が現在を表わしている場合は、自分のことであるので既に知ってい
　　　るという整理ができ、推測ではない。また、未来を表わしている場合は、意
　　　志動詞は話し手の意志・希望を表わすものなので、話し手は実現可能と信じ
　　　ているわけである。したがって、その場合は予測可能に含まれる。つまり、
　　　意志動詞の文では、推測不可能や予測不可能な事象はあり得ないので、表で
　　　は "―" で示している。
　　ⅱ 心理動詞において、無意志動詞が未来を表す場合、一人称単数主語では、予
　　　測可能であっても使えない場合がある。

3. 心理動詞の一人称単数主語と三人称主語との違い

　心理動詞の場合に、なぜ「話し手が感情主の場合は使えない」というふうに、一人
称単数主語に限定されて言われるのか、という観点から見てみると、

(1)　　心理動詞の一人称単数主語の無意志動詞では、未来を表す場合は予測可能で
　　　あってもル形を使うことができないものが多い。（三人称主語では、予測可能
　　　であれば使うことができる）
(2)　　普遍的事実を述べる場合、一人称単数主語ではそれに適する文脈が考えられ
　　　ず、もっぱら三人称主語が使われる。（但し、「私達」の類はあり得る。）
(3)　　反復・習慣を表す場合でも心理動詞の一人称単数主語ではル形を使えない場合
　　　がある。

　上記の(1)～(3)が、一人称単数主語使用に課せられた制約である。三人称主語には
そういった制約はない。一方、以下のような違いも見られる。

(4)　　心理動詞の一人称単数主語では、意志動詞が使用できる。（意志性が予測可能
　　　と同じ意味になる）。三人称主語では意志性は直接の関係はなく、予測・推測
　　　可能かどうかで決まる。
(5)　　三人称主語では現在を表すことができない動詞の中でも、一人称主語では現在
　　　を表すことができる動詞がある。

上記の(4)、(5)は、一人称主語がより多く使える可能性をもたらす要因である。しかし、これらは典型的な心理動詞(感情動詞と言われる類:「喜ぶ」「悲しむ」の類)の多くには当てはまらず、感情動詞においては一人称単数主語に対する制約が大きいということであると思われる。

注

1 森山(1988: 199–225)に意志、無意志の連続性に関する詳しい分析がある。

2 大辞泉による。

3 広辞苑による。

4 母親が子供に言う「今日は早く寝ようね」は、母親が一緒に寝るというわけではないのだが、それに似たようなケースについて、森山(1990: 17)は次のように述べている。「「手を洗っていない人は、手を洗いましょう」のような場合、厳密には話し手は行為者となっていないように見える。しかし、この場合も、視点を行為者側に移しているのであって、動作主に話し手を含め得ると言えるのではないだろうか。」

5 庵(2001: 143–144)、庵他(2000: 42–43)、庵他(2001: 68–69)にある動詞のテンスによる分類に従った。

6 大辞泉による。

7 大辞泉による。

8 これは神尾(1990, 2002)の「なわばり理論」に通ずる考え方である。

9 大辞泉による。

10 但し、以下のような、経験・記録と言われるテイル形の使い方は自然である。「彼は、食料がなくて皆が困っている時に、少しの食料を多くの人に分け与える方法を思いついている。」「酒気帯び運転で何度もヒヤッとしているのに、彼はまた、運転する前に一杯やっている。」

11 筒井康隆『夜の政治と経済』:金水(1989: 123)に引用されているものを、再引用したもの。

参考文献

庵功雄(2001)『新しい日本語学入門―ことばのしくみを考える―』スリーエーネットワーク

庵功雄・高梨信乃・中西久美子・山田敏弘(2000)『初級を教える人のための日本語文法ハンドブック』スリーエーネットワーク

庵功雄・高梨信乃・中西久美子・山田敏弘(2001)『中上級を教える人のための日本語文法ハンドブック』スリーエーネットワーク

神尾昭雄(1990)『情報のなわばり理論　言語の機能的分析』大修館書店

神尾昭雄(2002)『続・情報のなわばり理論』大修館書店

金水敏(1989)「「報告」についての覚書」仁田義雄・益岡隆志編『日本語のモダリティ』
　　くろしお出版

国立国語研究所・宮島達夫(1972)『動詞の意味・用法の記述的研究』秀英出版

寺村秀夫(1982)『日本語のシンタクスと意味I』くろしお出版

寺村秀夫(1984)『日本語のシンタクスと意味II』くろしお出版

森山卓郎(1988)『日本語動詞述語文の研究』明治書院

森山卓郎(1990)「意志のモダリティについて」『阪大日本語研究』2、大阪大学文学部
　　日本学科(言語系)

吉永尚(2008)『心理動詞と動作動詞のインターフェース』和泉書院

Irrealis としての接続法と未来

和佐敦子

1. はじめに

　未来とは、話し手にとってまだ見ぬ未実現の事態であり、類型論的観点からは irrealis[1] と捉えられる。日本語では、未実現の事態を表すには、古典語では「む」、現代語では「（よ）う」、「だろう」が使われる。しかし、古典語の「む」が連体用法で用いられるのに対し、「だろう」は連体用法では使いにくいことが指摘されている（高山 2010: 67）。一方、ラテン語から派生したロマンス語の 1 つであるスペイン語には、もともと非現実の事態を表すのに用いられる接続法があり、後になって未来形も形成されている。

　次の『竹取物語』の 1 節と、その現代語訳とスペイン語訳を見ると、日本語の古典語と現代語の違い、スペイン語の接続法と未来形の用法の違いが端的に表れている（以下、直説法を IND、接続法を SUB と表記する）。

（1）「龍の頸に、五色の光る玉あなり。それを取りて奉りたら<u>む</u>人には、願はむことをかなえ<u>む</u>」　　　　　　　　　　　　　　　（『竹取物語』）

　　「龍の頸に、五色の光を放つ玉があるということだ。<u>それを取って献上する人</u>には、<u>願うことをかなえてやろ<u>う</u></u>。」

　　Dicen que en el cuello del dragón hay una joya que desprende un brillo de cinco colores. Al que la *consiga*（SUB：現在）y me la *traiga*（SUB：現在）le *concederé*（IND：未来）lo que *desee*（SUB）.

　　　　　　　　　　　　　　　　　　　（*El cuento del cortador de bambú*）

(1)の「奉りたらむ」、「願はむ」は、「む」の連体用法であるが、いずれも話し手が irrealis と捉えた未実現の事態であり、スペイン語接続法と対応する。一方、現代日本語の連体節では irrealis と realis の区別がなく、どちらも終止形(基本形)で表される[2]。また、話し手の意志は、古典語では「かなえむ」、現代語では「かなえてやろう」というように、それぞれ「未然形＋む」、「未然形＋う」が使われているのに対し、スペイン語では、直説法未来形1人称単数 'concederé (I will give)' で表されている。

このように、日本語の古典語には「未然形＋む」、スペイン語には接続法という irrealis を表す叙法形式があるにもかかわらず、なぜ現代日本語では「(よ)う」と「だろう」に分化し、スペイン語では直説法未来形が形成されたのだろうか。

本稿の目的は、スペイン語と日本語の未実現の事態を表す形式を irrealis という共通の概念を通して、通時的・共時的に比較対照することによって、現代スペイン語に接続法と直説法未来形、現代日本語に「(よ)う」と「だろう」という2つの irrealis を表す言語形式が存在するようになった理由を明らかにすることである。

2.　スペイン語の直説法未来形の成立

最初に、スペイン語の直説法未来形がどのように成立したのか、その起源を見てみよう。

渡邊 (2009: 124) によれば、ロマンス諸語の単純未来形は、いずれも俗ラテン語に起源が求められ、連続したつづり字 (graphie soudée) での初出は7世紀で、体系的に出てきたのは842年の『ストラスブールの宣誓』*Serment de Strasbourg* からであるという。

（2）**saluarai** < salvare + habeo（sauver + ai）

　　prindrai < prendere + habeo（prendre + ai）　　　　（渡邊 2009: 124）

また、このような単純未来形が出現してきたのは、「ラテン語の単純未来形のうち3人称単数 amabit ならびに1人称複数 amabimus が、それぞれ単純過去形の amavit, amavimus とまぎらわしく、民衆に忌避されたからである」(渡邊 2009: 124)という。ロマンス諸語では、義務を表す迂言形(habere ＋不定法、debere ＋不定法)、願望を表す迂言形(velle ＋不定法)などで未来形を代用したが、このうち、habere が後置されて綜合化[3]し、単純未来形となったということである。ここで注目すべきことは、ロマンス諸語の単純未来形は、義務を表す迂言形がもとになっているという点である。したがって、ロマンス諸語の単純未来形は、deontic(行為遂行的な)モダリティの意味から epistemic(認識的な)モダリティの意味が派生したものと考えられる。

　Real Academia Española et al. (2009)は、スペイン語の単純未来形が〈不定詞＋ haber(have)〉から作られたことを指摘し、次の例を挙げている。

(3) <u>Sacar he</u> fuerzas de mi flaqueza (Fernández Oviedo, *Indias*)

　　'I will draw strength from my weakness'

（Real Academia Española et al. 2009: 1768）

Real Academia Española et al. (2009)によれば、(3)の "sacar he" のように2語であったものが、次の(4)に示すように、haber の活用形が膠着して1語となり、綜合化されたという。

(4) cantar (sing)の単純未来形の形成

　　1人称単数：cantar he ＞ cantaré

　　2人称単数：cantar has ＞ cantarás

　　3人称単数：cantar ha ＞ cantará

　　1人称複数：cantar (h)emos ＞ cantaremos

　　2人称複数：cantar (hab)éis ＞ cantaréis

　　3人称複数：cantar han ＞ cantarán

Real Academia Española et al. (2009) は、この単純未来形を「綜合的未来
(FUTURO SINTÉTICO)」と呼び、"ir a cantar (to be going to sing)" のよう
に動詞の迂言形で表される未来を「分析的未来 (FUTURO ANALÍTICO)」
としている。

　Fleischman (1982) は、歴史的には、古典ラテン語の単純未来形、ロマンス
諸語の単純未来形、迂言的未来形は、それぞれの形態を基準にしてみると、
もとは分析的 (迂言的) であった形態から出発して綜合化に向かう規則性をた
どるとしている。また、時代ごとに新たな迂言形式が採用されるという点で
は分析的な形を指向する規則性があるとして、表1のような「分析的・綜合
的周期 (Analytic and synthetic cycles)」を提唱し、スペイン語の例を挙げて
いる。

表1　Analytic and synthetic cycles

	STRUCTURE	FORM	STAGE OF THE LANGUAGE
DIACHRONIC PHASE Ⅰ	Analytic ↓ Synthetic	*ama-bhū ↓ amabo	Reconstructed Indo-European Classical Latin
SYNCHRONIC PHASE Ⅰ	amabo/cantare habeo		later Latin
DIACHRONIC PHASE Ⅱ	Analytic ↓ Synthetic	cantare habeo ↓ cantaré	later spoken Latin → Common Romance Romance (Spanish)
SYNCHRONIC PHASE Ⅱ	cantaré/voy a cantar		Modern Romance
DIACHRONIC PHASE Ⅲ	Analytic ↓ Synthetic	voy a dormir ↓ [yo vadormir[a]]	Contemporary Romance (Spanish) Contemporary American Spanish dialects[b]

(Fleischman 1982: 104)

　Fleischman (1982) によれば、表1の第1段階では、インド・ヨーロッパ
祖語の *bhū (be) を動詞のあとにつける迂言形であった未来形が、後に綜合

化し、古典ラテン語の単純未来形になったという。第2段階では、〈cantare + habeo〉が cantaré となって綜合化し、第3段階では、〈ir a + 不定詞〉の迂言形式が現れたが、ラテンアメリカの方言ではこの迂言形式も voy a dormir（I am going to sleep）が yo vadormir というように綜合化しつつあるという。

　一方、日本語の「だろう」は、「にてあらむ」（断定の助動詞「なり」の連用形「に」＋接続助詞「て」＋動詞「あり」の未然形＋「む」）が「であらむ」や「であろう」を経て「だろう」になったものである（加藤 2006: 62）ことから、もとは分析的形態であったものが綜合化した形式であると言えるだろう。

　このように、通時的観点から比較対照すると、スペイン語の単純未来形は、義務を表す迂言形から形成されて、認識的意味を表すようになったのに対し、日本語の「だろう」は、「あらむ」の前に断定の助動詞「なり」の連用形「に」＋接続助詞「て」を付加したことから、専ら認識的モダリティを表すために形成された言語形式であると考えられる。

3.　直説法未来のプロトタイプ的用法

　スペイン語の直説法未来は、スペイン語学の中でまだ多くの議論を引き起こしているテンスである。Escandell Vidal（2010）は、様々な議論が起こる原因として、次の3点を挙げている。

1) 未来時制には多数の用法や意味がある（el tiempo futuro puede recibir un elevado número de usos y valores）。

2) これらの意味用法のうちのいくつかのものは時制としての未来を表さず、さらに、この用法の方がはるかに最も頻度が高い（de estas diferentes lecturas, algunas no expresan referencia temporal futura y, además, este empleo es, con diferencia, el más frecuente）。

3) 未来時指示はむしろ他の時制や動詞迂言句で表されることが多い

(la referencia temporal futura suele expresarse preferentemente por medio de otros tiempos y otras perífrasis verbales).

(Escandell Vidal 2010: 9)

Escandell Vidal (2010) は、スペイン語圏諸国の話し言葉における動詞迂言句 (ir a +不定詞) と未来形の使用率を次の表2に示し、話し言葉における直説法未来の衰退を指摘している。

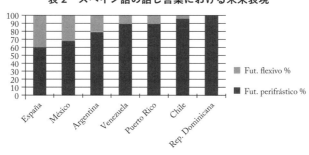

表2 スペイン語の話し言葉における未来表現

(Escandell Vidal 2010: 12)

表2を見ると、スペインにおいても、話し言葉では動詞迂言句の使用が60%を占めており、特に中南米諸国では、直説法未来の衰退が顕著であることがわかる。

このような事実から、日本におけるスペイン語学の研究でも、出口(1986)のように、スペイン語の時制を過去・非過去に分け、直説法未来を「推定法」とする説がある。また、スペイン語教育の面からは、上田(2011)のように未来形という用語を使用せず、「直説法現在推量形」という名称を使用すべきだという説も見られる。

しかし、第2節で述べたように、直説法未来形は、通時的には未実現の事態を表すために新たに作られた形式であり、現代スペイン語で未来時を表す用法が少ないからといって、未来形という用語を排除すべきではないと考え

る。

例えば、現代スペイン語では、時を表す cuando (when) 節では直説法未来形は共起しない。

（5） Cuando *llegaré (IND：未来) / llegue (SUB：現在) a la estación, te llamaré.
'When I *will arrive / arrive (SUB：現在) at the station, I will call you.'

これに対し、中世スペイン語では、"a la mañana, cuando los gallos cantarán (IND：未来) (朝、雄鶏が鳴いたら) (CID)" のように cuando (when) 節における未来形の使用は豊富に見られたことが指摘されている (Gili Gaya 1980: 166)。この事実から、直説法未来のプロトタイプ的用法は、未来時を表すことにあり、cuando 節ではもとは未来形が使用されていたものが、後になって接続法現在が使用されるようになったものと考えられる。したがって、本稿では、直説法未来のプロトタイプ的用法はテンスとしての用法であり、その他の用法はテンスを表す用法から派生したモダリティ的用法とみなす。次節では、直説法未来の用法を考察する。

4. 直説法未来の用法と日本語の「だろう」

本節では、直説法未来の様々な用法をテンス的用法とモダリティ的用法に分類し、日本語の「だろう」と比較対照しながら考察していく。

4.1 テンス的用法と「だろう」

まず、直説法未来が本来のテンスとして用いられている例を見てみよう。

（6） a.　Mañana lloverá (IND：未来) en Barcelona.
'Tomorrow it will rain in Barcelona.'
　　 b.　明日はバルセロナで雨が降るだろう／でしょう。

（7） a.　El rey de España vendrá (IND：未来) a Japón el próximo año.

'The king of Spain will come to Japan next year.'

 b. スペインの国王は来年日本に来る<u>だろう</u>。

（8）a. En el remoto futuro el sol *se apagará* (IND：未来).

   'In the remote future the sun will go out.'

 b. 遠い未来に太陽は消える<u>だろう</u>。

(6)〜(8)では、「明日」「来年」「遠い未来に」という明示的な時の副詞(句)が示され、話者の単なる推測ではなく、テレビやラジオ、書物などの何らかの情報をもとに未来の事態の予測を述べていることが特徴である。ここで最も重要な点は、(6)〜(8)では、主語が3人称で、事態の実現に話し手が直接関与しないということである。日本語でも、このような文脈では、終止形ではなく「だろう」が用いられることが多い。

 一方、Escandell Vidal (2010)は、スペイン語では周期的な事態や計画済みの事態に直説法未来を使うと不自然になることを指摘している(#は当該文脈での使用が不自然なことを表す)。

（9）a. Mañana *es* (IND：現在) lunes. / #Mañana será (IND：未来) lunes.

   'Tomorrow is Monday. / #Tomorrow will be Monday.'

   (明日は月曜日だ。/#明日は月曜日<u>だろう</u>。)

 b. El partido *es* (IND：現在) el sábado. / #El partido será (IND：未来) el sábado.

   'The match is on Saturday. / #The match will be on Saturday.

   (試合は土曜日だ。/#試合は土曜日<u>だろう</u>。)

(Escandell Vidadl 2010: 29)

(9a) (9b)のような文脈では、日本語でも断定の「だ」が使われ、「だろう」を使うと不自然になることに注目したい。したがって、曜日やスケジュールのように、未実現の事態であっても、話し手がその実現を確定したものとみなす場合は、スペイン語でも日本語でも断定の形で伝えるという点で共通し

ている。

4.2　モダリティ的用法と「だろう」

テンス的用法とは異なり、直説法未来のモダリティ的用法は多岐にわたっている。その代表的な用法を例文とともに見ていこう。

A. 話し手の意志

(10) a.　Esta noche *vamos*（IND：現在）al cine.

　　　　'Tonight we go to the cinema.'

　　　　（今晩私たちは映画に行きます。）

　　 b.　Esta noche *vamos a ir* al cine.

　　　　'Tonight we are going to the cinema.'

　　　　（今晩私たちは映画に行くつもりです。）

　　 c.　Esta noche *iremos*（IND：未来）al cine.

　　　　'Tonight we'll go to the cinema.'

　　　　（?? 今晩私たちは映画に行くでしょう。）

（Butt and Benjamin 2013: 216）

Butt and Benjamin（2013）によれば、（10a）のように直説法現在が使用される場合は、話し手が計画済みの事態であり、（10b）の迂言形〈ir + 不定詞〉は意志未来を表し、口語では直説法未来の代わりとして使用されるという。また、（10c）のように直説法未来が使用される場合には、計画済みという意味はなく、不確かに聞こえるという。

　ここで注目すべきことは、スペイン語では話し手の意志を表す場合には接続法は使用されず、直説法現在と直説法未来が話し手の伝達意図によって使い分けられているということである。現代スペイン語においては、この話し手の意志を表す未来形の用法が迂言形の〈ir + 不定詞〉に移行しつつあるのが直説法未来の衰退の原因であると思われる。一方、日本語では、（10c）のように話し手の意志を表す文では、「だろう」は不自然になる。

B. 現在推量

現在推量とは、話し手の眼前にない現在の事態を推量することである。この用法は、現代スペイン語の未来形の用法で最も頻度が高いとされている。

(11) *Serán* (IND：FUT) las ocho.

'It must be eight o'clock.'

（8時<u>だろう</u>。）

(12) Luis *trabajará* (IND：FUT) ahora en la empresa de su padre.

'Luis will work now at his father's company.'

（ルイスは今、父親の会社で働いている<u>だろう</u>。）

(13) A: -María no ha venido…

'María has not come…'

（マリアが来ていません。）

B: -*Estará* (IND：FUT) enferma.

'She is probably sick.'

（彼女は病気<u>でしょう</u>。）

(11)～(13)は、いずれも話し手が発話時において真であると確認できない事態について、蓋然性を表すために未来形が使用されている。(11)は真偽判断の副詞 probablemente を使って "Probablemente son las ocho (Is is probably eight o'clock)." に、また "deber de ＋不定詞" を使って "Deben de ser las ocho (It must be eight o'clock)." と言いかえることができる。この直説法未来の現在推量の用法は、日本語では古典語の「らむ」、現代語の「だろう」に対応する。

C. 命令

Urrutia et al. (1983:268) によれば、未来形の命令を表す用法は、もともとは義務を表していた〈haber de ＋不定詞〉の用法の名残であるという。

（14）Te *quedarás*（IND：未来）en casa y *estudiarás*（IND：未来）.

'You must（lit. will）stay at home and study.'

（15）No *matarás*（IND：未来）.

'Thou shalt not kill.'

（14）（15）のような未来形を使った命令文は、聞き手に実現を強く求める場合が多く、主に 2 人称で用いられる。Butt and Benjamin（2013: 217）によれば、未来形の命令を表す用法は厳格または厳粛な注意（stern or solemn warnings）に使用されることが多いという。一方、日本語の「だろう」には、命令の用法は見られない。

D. 疑い・驚き

　この用法は疑問文や感嘆文に現れ、話し手の疑いや驚きを表すことがある。

（16）¿*Será*（IND：未来）verdad que lo descubrieron?

　　'Can it be true that they discovered it?'

　　（彼らがそれを発見したということは本当<u>だろうか</u>。）

（17）¡Qué desvergonzado *será*（IND：未来）ese sujeto!

　　'How shameless the man will be!'

　　（その男は何て恥知らず<u>だろう</u>！）

（16）（17）では、疑問文や感嘆文で未来形が使用され、話し手が認識した事態に対する疑いや驚きを表している。（16）（17）の日本語訳に見られるように、日本語の「だろう」にもこれと対応する用法がある。

　以上の考察から、直説法未来のテンス的用法は、事態の実現に話者が関与しないものに限られることが明らかになった。しかしながら、未来は話者のまだ見ぬ irrealis の領域にあり、（6）〜（8）のような純然たる時間指示に見える未来形の用法にも、何らかの証拠性に基づく話者の蓋然性の判断が見られ

134 和佐敦子

ることは明らかである。以上のことから、直説法未来のプロトタイプ的用法から非プロトタイプ的用法への意味拡張について、次の仮説を提示する。

(18) 直説法未来の本質的意味は、話者が何らかの証拠性に基づいて命題成立に対する蓋然性が高いことを表すことである。直説法未来の現在推量の用法は、この本質的意味が拡張したものである。

5. Irrealis としての接続法と未来

スペイン語の接続法現在は、話者が irrealis であると認識した事態に使用されるのがプロトタイプ的用法である（和佐 2005）。一方、直説法未来も irrealis という観点からは同じ領域に属する形式である。

本節では、接続法現在と直説法未来の交替が可能な文において、両者の表す意味機能を主に日本語の「だろう」と比較対照しつつ考察する。

5.1 真偽判断の副詞との共起

真偽判断の副詞 quizá (s), tal vez (maybe, perhaps) と共起する場合は、次のように接続法現在と直説法未来の交替が可能である。

(19) a. **Quizá** *venga* (SUB：現在)/*vendrá* (IND：未来) mañana Pedro.
　　　 'Perhaps Pedro comes (SUB：現在)/will come tomorrow.'
　　 b. *Venga* (SUB：現在) mañana Pedro.
　　 c. *Venga* (SUB：現在) **quizá** mañana Pedro.　　　 (Squartini 2010: 121)

(19) で注目したいのは、(19b) のように真偽判断の副詞 quizá が共起しない場合や、(19c) のように quizá が後置される場合は非文となるという点である。(19b) の事実から、(19a) では真偽判断の副詞 quizá のみが命題の真偽判断に関わっていることが分かる。quizá はラテン語の quī sapit「誰が知っているか」を語源とし、元来は命題成立に対する蓋然性の度合いを表せない副

詞である。したがって、(19a) における直説法未来は、未来時における命題成立に対する蓋然性の高さを表すために使用されるものと考えられる。そのため、次のように現在推量の用法では直説法未来は使用できない。

(20) Quizá no *esté* (SUB：現在)/*estará* (IND：未来) en casa.
'Maybe he is (SUB：現在) not /*will not be at home.'

（Squartini 2010: 124）

　一方、日本語の「だろう」は、次の (21a) のように真偽判断の副詞との共起がなくても用いることができる。

(21) a. 明日は雨が降るだろう。
b. Mañana *lloverá* (IND：未来).
'Tomorrow it will rain.'
c. *Mañana *llueva* (SUB：現在)

これに対して、スペイン語では、(21c) のように、真偽判断の副詞と共起しない場合に接続法を使うと非文になる。また、副詞 quizá と接続法が共起する場合には、(22a) のように複数命題の並置が可能であるが、直説法未来は (22b) のように複数命題の並置ができない。

(22) a. Quizá *venga* (SUB：現在), quizá no *venga* (SUB：現在).
b. *Quizá *vendrá* (IND：未来), quizá no *vendrá* (IND：未来).
（来るかもしれないし、来ないかもしれない。）

　一方、日本語の「だろう」は真偽判断の副詞との共起の有無にかかわらず、複数命題は並置できない。

(23) * もしかすると来るだろうし、もしかすると来ないだろう。

(24) * 来るだろうし、来ないだろう。

したがって、平叙文においては、スペイン語の未来形も日本語の「だろう」
も、命題成立の蓋然性が高いことを表す形式であり、どちらも話し手がある
命題の実現に確信が持てない場合に命題に対する「断定保留[4]」を表すモダ
リティ形式であると言えるだろう。

5.2 esperar を主動詞とする従属節

　スペイン語の動詞 esperar は、英語の 'hope' と 'expect' の意味を表す。動
詞 esperar が主動詞となる場合、esperar が願望を表す 'hope' の意味の時は従
属節に接続法現在、期待を表す 'expect' の意味の時は直説法未来が使用され
る。

(25) Espero que mañana no *llueva* (SUB：現在).

　　　'I hope that tomorrow it doesn't rain.'

　　　(明日は雨が降らないことを願う。)

(26) Espero que mañana no *lloverá* (IND：未来).

　　　'I expect that tomorrow it will not rain.'

　　　(?? 明日は雨が降らないだろうことを期待する。)

(25)のように、主動詞が話し手の願望を表す場合、従属節の事態は話し手の
想像の領域(=irrealis)にあり、命題の真実性に対する判断をすることができ
ない。従って、命題に対する真偽判断を控えるために接続法が使用されてい
る(和佐 2005)。これに対して、(26)のように、主動詞が話し手の期待を表
す場合は、従属節の事態実現の蓋然性が高い命題であることを明示するため
に直説法未来が使用されていると考えられる。このような文脈では日本語の
「だろう」は使いにくいように思われる。

5.3 creer（think）を主動詞とする疑問文の従属節

creer を主動詞とする疑問文の従属節においても、接続法現在と直説法未来の交替が可能である。

(27) ¿Crees que *lloverá*（IND：未来）mañana?

　　'Do you think that it will rain tomorrow?'

(28) ¿Crees que *llueva*（SUB：現在）mañana?

　　'Do you think that it *rains*（SUB：現在）tomorrow?

Hammit et al.（1998: 143）によれば、(27)のように直説法未来が使用される場合は、話し手が従属節の命題実現に〈疑い〉を持たず、(28)のように接続法が使用される場合は、話し手が従属節の命題実現に〈疑い〉を持っている場合であるという。一方、日本語の「だろう」は、「思う」を主動詞とする疑問文の従属節では使いにくく、「だろうか」で、未実現の事態に対する話し手の〈疑い〉を表す。

(29) a.??明日は雨が降るだろうと思うか？

　　b.　明日は雨が降るだろうか。

以上の考察から、平叙文においては、スペイン語の単純未来形も日本語の「だろう」も、命題成立の蓋然性が高いことを表す形式であり、どちらも話し手がある命題の実現に確信が持てない場合に命題に対する「断定保留」を表すモダリティ形式であることが明らかになった。

小柳（2014）は古典語の「む」について、次のように述べている。

　　推量・意志・希求は「む」が直接的に表す意味ではなく、未実現・非現実という意味が統語的な位置（文末か否か）や動作主の人称、文脈によって解釈されたものと考えられる。現代日本語では推量を「だろう」、意志を「う・よう」、希求を「てほしい」などで表し分け、我々はこれに

慣れているので、「む」の意味を一々どれかに決めたくなるが、古代で
はそのような区別に関心を払わず、ただ起こっていないことを言えばよ
かったという想定は十分に成り立つ。　　　　　　　　（小柳 2014: 62）

日本語の古典語「む」と同様、スペイン語の接続法も、原初的には話し手が
未実現の事態を irrealis とマークするために用いられる活用語尾であったの
ではないだろうか。したがって、日本語の「だろう」も、スペイン語の直説
法未来も、時代の推移とともに、話し手が未実現の事態に対して積極的に蓋
然性の判断をする必要が生じたことから形成された形式であると考えられ
る。

6.　おわりに

　本稿では、スペイン語と日本語の未実現の事態を表す形式を irrealis とい
う共通の概念を通して、通時的・共時的に比較対照し、現代スペイン語に接
続法と直説法未来形、現代日本語に「（よ）う」と「だろう」という 2 つの
irrealis を表す言語形式が存在するようになった要因を考察した。その結果、
スペイン語と日本語という全く系統の異なる言語において、原初的には話し
手が未実現の事態を irrealis とマークする形式が存在し、後に事態の蓋然性
の判断をするための形式が形成されるという共通の通時的現象が存在するこ
とが明らかになった。

　現代語では、両言語ともに真偽判断の副詞が発達し、スペイン語では、直
説法未来形に加えて poder (may)、deber (must) などの叙法動詞が用いられ、
また、日本語では真偽判断を表す文末形式が豊富に見られる。これは、通時
的には綜合的表現から分析的表現へとモダリティ形式が変遷したことを示す
ものであると言えよう。

付記　本稿は、科学研究費補助金（基盤研究(B)）課題番号 23320100「モダリティに関する
意味論的・語用論的研究」（研究代表者　澤田治美）の補助をうけた研究成果の一部である。

注

1 Mithun (1999: 173) は realis と irrealis を次のように定義している。"The realis portrays situations as actualized, as having occurred or actually occurring, knowable through direct perception. The irrealis portrays situations as purely within the realm of thought, knowable only through imagination."

2 尾上 (2001: 459) は、古典語では終止形が現実事態叙法であったものが、現代語では非現実叙法にも使用されるようになったことを指摘している。

3 もともとは連辞的関係にあった複数の語が、通時的変化によってひとつに融合すること (渡邊 2014: 119)。

4 「断定保留」とは、真であるとの確信が持てなかったり聞き手との関係で断定を差し控えたりといった事情で断定を保留するものである (益岡 2007:144)。

参考文献

上田博人 (2011)『スペイン語文法ハンドブック』研究社出版

尾上圭介 (2001)『文法と意味 I』くろしお出版

加藤重広 (2006)『日本語文法入門ハンドブック』研究社

小柳智一 (2014)「古代日本語研究と通言語的研究」定延利之編『日本語学と通言語的研究との対話』55–82. くろしお出版

澤田治美 (2006)『モダリティ』開拓社

高山善行 (2005)「助動詞「む」の連体用法について」『日本語の研究』1 (4), 1–16.

高山善行 (2010)「モダリティ」高山善行・青木博史 (編)『ガイドブック日本語文法史』59–70. ひつじ書房

出口厚実 (1986)「スペイン語に「未来」はあるか？同格化された法・時制概念をめざして」Estudios Hispánicos 12, 1–16.

益岡隆志 (2007)『日本語モダリティ探究』くろしお出版

森山卓郎 (1992)「日本語における推量をめぐって」『言語研究』101, 64–83.

和佐敦子 (2001)「日本語とスペイン語の可能性判断を表す副詞―疑問文との共起をめぐって」『言語研究』120, 67–87.

和佐敦子 (2005)『スペイン語と日本語のモダリティ―叙法とモダリティの接点』くろしお出版

和佐敦子 (2014)「スペイン語におけるムードとモダリティ」澤田治美編『ひつじ意味論講座第 3 巻　モダリティ I：理論と方法』205–223. ひつじ書房

渡邊淳也 (2009)「フランス語およびロマンス語における単純未来形の綜合化・文法化について」『文藝言語研究　言語篇』55, 123–144.

渡邊淳也 (2014)『フランス語の時制とモダリティ』早美出版

Butt, John and Carmen Benjamin. (2013) A *New Reference of Grammar of Modern Spanish* (fifth edition). New York: Routledge.

Escandell Vidal, María V. (2010) Futuro y Evidencialidad. *Anuario de Lingüística Hispánica*, XXVI, 9–34.

Fleischman, Suzanne. (1982) *The Future in Thought and Language*. Cambridge: Cambridge University Press.

Gili Gaya, Samuel. (1980) *Curso superior de sintaxis española* (Decimotercera Edición). Barcelona: BIBLIOGRAF.

Hammit, Gene M. Laura A. Stivers and Ricardo G. Mouat. (1998) *The Best Test Preparation for the SAT II: Subject Test in Spanish*. Piscataway: Research & Education Association.

Mithun, Marianne. (1999) *The Language of Native North America*. Cambridge: Cambridge University Press.

Real Academia Española y Asociación de Academias de la Lengua Española. (2009) *Nueva gramática de la lengua Española*. Vol.1. Madrid: Espasa.

Squartini, Mario. (2010) Where mood, modality and illocution meet: the morphosyntax of Romance conjectures. Martin Becker and Eva-Maria Remberger (eds.) *Modality and Mood in Romance*, 109–130. Berlin: De Gruyter.

Urrutia, Hermán y Manuela Álvarez. (1983) *Esquema de morfosintaxis histórica del español*. Bilbao: Publicaciones de la Universidad de Deusto.

中国語の「する」と「した」と「している」

井上 優

1. はじめに

　中国語のテンス・アスペクトのシステムは、日本語の「する」「した」「している」とは本質的に異なる。まず、中国語は文法カテゴリーとしてのテンスを持たず、同一の述語形式が過去・現在・未来いずれの事象も表しうる。事象の時間的な位置は、時間成分によって表されるか、文脈により決まる。

（1）a.　我 現在 <u>在</u> 　家。

　　　　　私 今　 いる 家

　　　　　（私は今家にいる。）

　　　b.　我 昨天 <u>在</u> 　家。

　　　　　私 昨日 いる 家

　　　　　（私は昨日家にいた。）

　　　c.　我 明天 <u>在</u> 　家。

　　　　　私 明日 いる 家

　　　　　（私は明日家にいる。）

（2）a.　我 已经 　回国了。

　　　　　私 すでに 帰国した

　　　　　（私はすでに帰国している。）

　　　b.　昨天 这个 时候，我 已经 　回国了。

　　　　　昨日 この 時 　私 すでに 帰国した

（私は昨日の今ごろはすでに帰国していた。）

    c. 明天 这个 时候，我 已经　　回国了。

        明日 この 時　　私 すでに 帰国した

      （私は明日の今ごろはすでに帰国している。）

アスペクトのシステムも日本語とは大きく異なる。本稿では第2節で日本語と中国語とで物事の言い表し方そのものが大きく異なることを見たうえで、第3節以降で無テンス言語である中国語のアスペクトの基本的性格について見ていく。

2.　日本語と中国語の物事の言い表し方

日本語の表現は「容器」のようなものであり、種々の意味を1つの表現にこめることができる。一方、中国語の表現は物事を言い表すための「素材」であり、言語表現を組み合わせて物事を構成的に描き出していく（井上2012）。

日本語では、普通名詞（(3a)では「ビール」）に量的な意味を持たせることができ、内部に空間を持つモノを表す名詞（(3a)では「冷蔵庫」）を場所名詞として用いることもできる（例(3a)）。形容詞「大きい」にも、「一定以上の大きさがある」という程度の意味が含まれる（例(4a)）。中国語では、"啤酒"（ビール）、"冰箱"（冷蔵庫）に量的な意味、場所的な意味を持たせるには、数量表現や場所表現と組み合わせる必要がある（例(3b)）。形容詞"大"も、これ自体は「大きさがある」ということを表し、「大きい＝一定以上の大きさがある」ことを表すには程度表現（(4b)では"很"）が必要である（例(4b)）。

（3）a.　冷蔵庫(<u>の中</u>)に(<u>何本かの</u>)ビールがある。

    b.　冰箱<u>里</u>　　有　<u>几瓶</u>　　啤酒。

        冷蔵庫-中　ある　何本か　ビール

（4）a.　この絵は大きい（＝<u>一定以上の大きさあり</u>）。

b.　这幅　画　很　　　大。
　　　　この　絵　とても　大きさあり

　存在表現にも日中両語の物事の言い表し方の違いが明確に表れる。

（5）a.　教室に1人の学生_不定_がいる。
　　　b.　教室里　　有　　　　一个　学生_不定_。（存在文）
　　　　　教室-中　存在する　1人　学生
（6）a.　教室に太郎_定_がいる。
　　　b.　太郎_定_　在　　　　教室里。（太郎が教室にいる。）（所在文）
　　　　　太郎　　位置する　教室-中

　日本語の「名詞_空間_に名詞_個体_がある・いる」は、〈空間に個体が存在する〉ことを表す構文であり、「名詞_個体_」の部分には不定名詞も定名詞も取り込むことができる。中国語では、〈教室に1人の学生_不定_がいる〉ことは、存在文「場所＋有（存在する）＋個体」で表すが（例(5b)）、〈教室に太郎_定_がいる〉ことは、所在文「個体＋在（位置する）＋場所」で表す（例(6b)）。「学生」の存在の有無は空間を探索した結果として表せるが（図(7)）、「太郎」のような存在がわかっている個体に対しては、個体に空間を付与する形でしか〈空間に個体が存在する〉ことを表せない（図(8)）。言語表現を組み合わせて事象を構成的に描き出す中国語においては、事象のあり方が違えば事象の描き出し方も変わるのである。

（7）　教室里_有_一个学生。（教室に1人の学生がいる。）（存在文）

（8）　太郎在教室里。（太郎が教室にいる／教室に太郎がいる。）（所在文）

　　存在表現に関しては、次の違いも重要である。日本語の「いる」は時間の意味を含み、持続期間を表す成分と共起しうる（例(9a)）。中国語の"在"は「…に位置する」という空間関係を表し、時間の意味を含まない（例(9b)）。「ある期間いた」ことは、動作動詞を用いて動作の量的達成として述べる（例(9c)）。

（9）a.　彼の家に1時間ほどいた（＝い続けた）。
　　　b.＊我　在　他　家　一个小时。（＊：非文法的）
　　　　　私　いる　彼　家　1時間
　　　c.　我　在　他　家　呆了　　一个小时。（彼の家で1時間過ごした。）
　　　　　私　で　彼　家　過ごした　1時間

　　〈変化〉の表し方も、日本語と中国語とでは大きく異なる。変化には、自律的な変化と、動作の結果として生じる非自律的な変化がある。日本語ではいずれも変化動詞で表せるが、中国語で非自律的な変化を表す場合は、通常「動作－結果」の述語形式（動補構造）を用いる（木村1997）。

（10）a.　彼の病気はすでに（治療の結果／自然に）治っている。
　　　b.　他　的　病　　已经　　治好了。（治療の結果が出た。）
　　　　　彼　の　病気　すでに　治す-結果-た
　　　c.　他　的　病　　已经　　好了。（自然によくなった。）
　　　　　彼　の　病気　すでに　よくなった
（11）a.　彼の自転車はすでに（修理の結果／＊自然に）直っている。

b. 他 的 自行车 已经　<u>修</u>好了。(修理の結果が出た。)
　　　 彼 の 自転車 すでに　修理する-結果-た
　　c.* 他 的 自行车 已经　好了。
　　　 彼 の 自転車 すでに　よくなった
　　（"治好"、"修好" の "好" は動作の首尾よい完成を表す結果補語。）

　〈変化〉とは変化前の状態から変化後の状態に推移することであるが、日本語ではその時間の流れにそった推移そのものが動詞で表される。文法カテゴリーとしてのテンスを有する日本語は、〈変化〉を表すために必要な時間の要素が動詞に組み込まれているのである。

(12)　（太字の部分が言語化される内容）

　無テンス言語である中国語では、静止画を組み合わせて動画にするように、動作と結果を組み合わせて時間の流れをつくりだす形で〈変化〉を描き出す。動作に言及しない場合は、自然力（動作が特定できず、何らかの力としか言えない場合を含む）を読み込んで変化を描き出す。

(13)　a. 非自律的変化　　　　　b. 自律的変化

　これに類する相違は、時間の流れにそった展開の述べ方にも見られる。例えば、駅の近くのスターバックスで妻と会う約束をしている夫が駅のホームから妻に携帯メールを送信する場合、日本語では(14a)のように書けるが、中国語では(14b)のように書くのが自然である。

146 井上 優

(14) a. 今国立駅です。スタバで待ってます。

b. 我 已经　到　国立站 了。我 去　星巴克　　　　等　你。

　　 私 すでに　着く　国立駅　た　我 行く　スターバックス　待つ　あなた

　　 （もう国立駅に着きました。スタバに行ってあなたを待ちます。）

　日本語文（14a）は 2 つの場面（駅、スタバ）に存在する状態を並べて述べているが、中国語文（14b）は時間の流れにそった展開自体を描き出している。日本語では、別々の場面に存在する状態を述べても、時間の流れの中で時間関係が解釈されるが、中国語ではそれができず、時間の流れにそった展開そのものを言語化する必要があるのである。

3. 中国語のアスペクト表現の基本的性格

　日本語と中国語で物事の言い表し方が大きく異なるのは、アスペクトについても同じである。日本語では、「する（完成相非過去）－した（完成相過去）」、「している（継続相非過去）－していた（継続相過去）」のように、テンス・アスペクトの意味が述語形式に集約されているが、中国語では、動詞と以下の表現の組み合わせにより、アスペクトの意味が構成的に表される[1]。

(15)

	完了・実現	進行・持続
動詞接辞	了₁（変化完了）	着（状態維持）
副　詞 助動詞	已経（すでに） 快（じきに） 要（将然）　　など	在（同時）
文末助詞	了₂（場面移行）	呢（固定場面）

　動詞接辞 "了₁"（変化完了）、"着"（状態維持）は、事象の形（閉じた形、開いた形）を表す。"在"（同時）、"已経"（すでに）、"快"（じきに）などの副詞は、

基準時と事象との関係を表す。文末助詞 "了$_2$"、"呢" は事象が存在する場面の性質（場面移行、固定場面）を表す。助動詞 "要"（将然）は、"了$_2$" と組み合わせて、出来事が実現に向かっていることを表す。

（16）　我　喝了$_1$　　三瓶　啤酒。

　　　　私　飲んだ　３本　ビール

　　　　（私は３本ビールを飲んだ。）

（17）　下雨　　　　了$_2$。

　　　　雨が降る　場面移行

　　　　（雨が降ってきた。「降雨なし」→「降雨あり」）

（18）　我　已経　　等了$_1$　一个小时　　了$_2$。

　　　　私　すでに　待った　１時間　　　場面移行

　　　　（私はすでに１時間待っている。「１時間以前」→「１時間以後」）

（19）　列車　快　　　要　　　到　　站　　了$_2$。

　　　　列車　じきに　将然　着く　駅　　場面移行

　　　　（列車はもうすぐ駅に着く。「現在」→「到着場面」）

（20）　门　　　开着　　　　　呢。

　　　　ドア　開いたままだ　固定場面

　　　　（ドアが開いたままだ。）

（21）　我　現在　在　　看　　电视。

　　　　私　今　　同時　見る　テレビ

　　　　（私は今テレビを見ているところだ。）

　　中国語のアスペクトは、動詞接辞が「事象の形」を表し、副詞・助動詞と文末助詞が「事象と時空間との関係」を表す。次の（22）において、日本語では「した」と「していた」により事象の前後関係が表されるが、中国語では述語は "过了"（過ぎた）、"减到了"（減った）、"撤走了"（引き上げた）、"结清了"（清算した）のように "了"（変化完了）が用いられ、事象の前後関係は副詞 "已经／已"（すでに）、あるいは文脈によって判断される。

148　井上　優

(22) a. 「帰りましょうか？」

　　　　小野木が時計を見る〈基準〉と、九時を過ぎていた〈基準以前〉。このグリルに着いたときいっぱいだったテーブルも、半分に減っていた〈基準以前〉。楽団も、いつのまにか引きあげている〈基準以前〉。小野木は、ボーイを呼んで、会計をすませた〈基準以後〉。

　　 b. "我们回去吧！"

　　　　小野木看看表〈基準〉，已经过了九点〈基準以前〉。刚到这家西式餐厅的时候，桌子周围满是客人，现在已减到了一半左右〈基準以前〉。乐队也撤走了〈基準以前〉。小野木叫来服务员，结清了账目〈基準以後〉。

　　　　　　　　　　　　（松本清張『波の塔』、中国語訳《波浪上的塔》）

　　　　　　　　　　　　　　　　　　（井上・生越・木村 2002: 153）

　また、中国語のアスペクト表現は、特定場面における個別具体的な出来事（以下単に「出来事」）の存在を表すための表現であり（木村（2012）の「実存相」に関する議論参照）、出来事の存在を表すことに主眼を置かない場合は、アスペクト表現を用いずに、動詞の裸形式で事象の内容を述べる。例えば、進行中の動作の内容を尋ねる場合は副詞"在"（同時）を用いるが、答える際は"在"を用いずに動作の内容を述べるだけでもよい。

(23) A：你　　在　干　什么？

　　　　あなた　同時　する　何

　　　　（何をやっているの？）

　　 B：包　饺子。

　　　　包む　餃子

　　　　（餃子を包んでいるんだ。／#餃子を包むんだ。）

　　　　　　　　　　　　　　　　　　（#：当該文脈で使用不自然）

　出来事の存在を述べる(24)では"了₁"（変化完了）が必要だが、主体と動作の内容の対応関係を述べるだけの(25)では"了₁"は必要ない。

(24) 十月　的　一天　　上午, 我们　　参观了　　一个　幼儿园。
　　　10月　の　ある日　午前　私たち　見学した　1つ　幼稚園
　　　（10月のある日の午前中に、私たちは幼稚園を見学した。）

（刘月华ほか 1983・相原監訳 1991: 289）

(25) 昨天　三年级　举行　　参观活动。　一班　参观　　纺织厂；二班　参观
　　　昨日　3 年生　おこなう参観活動　　1 班　見学する紡績工場 2 班　見学する
　　　人民公社；我们　　班　参观　　　幼儿园, 大家　收获　匪浅。
　　　人民公社　私たち　班　見学する　幼稚園　　みな　収穫　少なくない
　　　（昨日 3 年生は参観活動をおこなった。1 班は紡績工場、2 班は人民
　　　公社、私たちの班は幼稚園だった。みなとても得るものがあった。）

（刘月华ほか 1983・相原監訳 1991: 137、一部改変）

　習慣的な動作を表す場合も、「やめずに続けている」、「継続中だ」ということを表す場合は "在"（同時）を用いるが（例 (26) (27)）、規則的な習慣を表すだけなら、頻度表現と動詞の裸形式を組み合わせて述べる（例 (28)）。「している」は頻度表現と共起可能だが、"在" は「同時」という特定場面を指定するため、頻度表現とは共起しない。

(26) 自从　解放　以后, 他　一直　　在　　教　　　中学。　　（三宅2014: 49）
　　　より　解放　以後　彼　続けて　同時　教える　中学高校
　　　（解放以来、彼はずっと中学・高校で教鞭を執っている。）

(27) 他　现在 在　吃　　　降压药。
　　　彼　現在 同時　食べる　降圧剤
　　　（彼は現在血圧の薬を飲んでいる（服薬を継続中だ）。）

(28) 他 上学　　的　时候　每天（*在）吃　　咖喱饭,
　　　彼 学校に通う の　時　　毎日　同時 食べる カレーライス
　　　现在 也 是 三天（*在）吃　　一次。
　　　今　 も だ 3 日　同時　食べる 1 回
　　　（彼は学生の時は毎日カレーを食べていた。今でも 3 日に 1 回は食べ

150　井上　優

<u>る</u>（食べ<u>ている</u>））。

　発言動詞・知覚動詞を用いた文も、動作の存在を述べることに主眼を置く
場合は"了₁"（変化完了）が用いられるが（例（29）（31））、発言内容・知覚内容
の提示に主眼を置く場合は"了₁"は用いられない（例（30）（32））。

（29）　他　<u>说了</u>　　三声　谢谢。
　　　　彼　<u>言った</u>　3回　ありがとう
　　　　（彼は 3回ありがとうと<u>言った</u>。）
（30）　他　昨天　<u>告诉</u>　我　说　［今天　的　会　　他　不参加］。
　　　　彼　昨日　伝える　私　言う　今日　の　会議　彼　参加しない
　　　　（彼は昨日、今日の会議には出ないと<u>言った</u>（<u>言っていた</u>）。）
（31）　我　昨天　<u>听了</u>　贝多芬　　　的《田园交响曲》。
　　　　私　昨日　聞いた　ベートーヴェンの　田園交響曲
　　　　（私は昨日ベートーヴェンの「田園」を<u>聞いた</u>。）
（32）　我　<u>听</u>　［人　讲了　这么　　　一个　故事］。
　　　　私　聞く　人　話した　このような　1つ　物語
　　　　（私は誰かがこのような話をしたのを<u>聞いた</u>。）

　既知の出来事について時間・場所・方法などの情報を加えて再言及する場
合も、焦点構文"（是）…的"が用いられ、アスペクト表現は用いられない。

（33）　我　昨天　（<u>是</u>）　十点　睡　　<u>的</u>。
　　　　私　昨日　　だ　　10時　寝る　の
　　　　（昨日は寝たのは 10時だ。）

　文末助詞"了₂"（場面移行）も、出来事の実現を述べることに主眼を置かな
い場合は用いられない。

（34）a.　我　昨天　十点　就　　睡覚　了。

　　　　私　昨日　10時　もう　寝る　場面移行

　　　（昨日は 10 時の段階でもう寝た。）

　　b.　我　昨天　一点　才　　　睡覚。

　　　　私　昨日　1時　ようやく　寝る

　　　（昨日は 1 時にようやく寝た（1 時の段階まで寝なかった）。）

　副詞 " 就 "、" 才 " は、それぞれ「スムーズだ」、「スムーズでない」ということを表す。" 就 " を含む（34a）は「10 時の段階で実現した」ことを表し、" 了₂"が用いられるが、" 才 " を含む（34b）は「1 時の段階まで実現しなかった」ことを表すため、" 了₂" は用いられない。

4.　中国語のアスペクト表現と事象の存在のあり方

　事象を特定場面における個別的な出来事として述べるとは、事象を特定の時空間（場面）に位置づけるということである。文法カテゴリーとしてのテンスを持つ日本語は、述語に時間の要素が組み込まれており、特定の時空間の中で事象の存在を述べる構造になっている。一方、無テンス言語である中国語において事象を特定の時空間に位置づけるとは、①時空間における事象の存在のあり方（事象の姿）を描き出して、事象を特定の時空間に存在する出来事らしく述べるとともに、②その出来事を「場面つき」で述べる、ということである。そして、中国語のアスペクト表現はまさにそのための表現である。②については次節で考えることとし、ここでは①について考える。

　時空間における事象の存在のあり方には、〈状態〉、〈動作〉、〈変化〉の 3つがある。〈状態〉は時間の流れにそった展開のない事象であり、静止画のイメージで存在を把握できる。〈状態〉は空間の中に存在するものであり、時間の流れの中で存在を把握する必要がない。実際、〈教室に学生がいる〉ことをとらえるには、写真にとるだけでよく、動画としてとる必要はない。これに対し、〈動作〉、〈変化〉は時間の流れにそった展開のある事象であり、

時間の流れの中でしか（動画のイメージでしか）把握することができない。

一方で、〈動作〉はその断片を静止画のイメージで把握できるが、〈変化〉はそれができない。実際、〈待つ〉動作は動作をおこなっているところを写真にとれるが、〈割れる〉という変化は、「割れる前の状態」と「割れた後の状態」しか写真にとれず、変化そのものは写真にとれない。〈動作〉は「空間＋時間の流れ」すなわち「時空間」の中に存在するが、〈変化〉は変化前の状態から変化後の状態に推移する（2つの状態の間の境界ができる）ことであり（(12)参照）、時間の流れの中でしか存在しえない。〈1時間待つ〉のように〈動作〉に量的達成の意味が加わった場合も、時間の流れの中でしか存在しえないという意味で〈変化〉の一種である。

〈動作〉は、時間の流れにそった展開のあり方により、〈動的動作〉と〈静的動作〉の2つがありうる。動的動作は動的な展開をともなう場合、静的動作は「状態を変えずに維持する」という静的な展開のみをともなう場合である。静的動作は展開をともなうという意味で〈動作〉の1つの形であり、展開をともなわない〈状態〉とは区別される。実際、〈教室に学生がいる〉ことは写真で把握できるが、〈座ったままの状態を維持している〉ことは動画でないと把握できない。まとめれば次のようになる。

(35) 〈状態〉：「空間」の中に存在する事象。

〈動作〉：「時空間」の中に存在する事象。（動的動作・静的動作）

〈変化〉：「時間の流れ」の中に存在する事象。

中国語のアスペクト表現のうち、動詞接辞"了₁"、"着"と副詞"在"は、それぞれ〈変化あり〉、〈静的動作あり〉、〈動的動作あり〉ということを表すための形式である。中国語では、下書きに色づけをするように、動詞が内包する〈変化〉、〈静的動作〉、〈動的動作〉の意味と"了₁"、"着"、"在"とを組み合わせて、〈変化あり〉、〈静的動作あり〉、〈動的動作あり〉という出来事を表す。そのため、中国語では、(36)～(41)に示すように、動詞の意味により使用可能なアスペクト表現が異なる。この点、動作・変化に関係なく「し

た」「している」の形式が成立する日本語とはしくみが大きく異なる。日本語の「割れている」のような変化の結果残存を表す表現は中国語にはなく、"砕了"で〈変化あり〉という形で表すしかない(例(37a))。

(36) 等(待つ：動的動作、静的動作)

    a. ＊等<u>了</u>

    b. 他 等<u>着</u>　　　你　　呢。　　〈静的動作あり〉

       彼 待っている あなた 固定場面

       (彼はあなたを待ったままの状態を維持している。)

    c. 他 <u>在</u>　等　你　　呢。　　〈動的動作あり〉

       彼 同時 待つ あなた 固定場面

       (彼はあなたを待つ動作をおこなっているところだ。)

(37) 砕(割れる：変化(自然力＋結果))

    a. 玻璃　砕<u>了</u>。　　〈変化あり〉

       ガラス　割れた／割れている

       (ガラスが割れた。ガラスが割れている(結果残存)。)

    b. ＊玻璃砕<u>着</u>

    c. ＊玻璃<u>在</u>砕

(38) 等一个小时(1 時間待つ：変化(動作＋量的達成))

    a. 我 等<u>了</u>　他 一个小时。　〈変化あり〉

       私 待った　彼 1 時間

       (私は彼を 1 時間待った。)

    b. ＊等<u>着</u>一个小时

    c. ＊<u>在</u>等一个小时

(39) 坐(座った姿勢を維持する：静的動作)

    a. ＊<u>坐了</u>

    b. 他 在 沙发上　　坐<u>着</u>　　　呢。　　〈静的動作あり〉

       彼 で ソファー-上 座ったままだ 固定場面

       (彼がソファーに座ったままの状態を維持している。)

154 井上 優

  c. ＊在坐

(40) 坐下（腰かける：変化（動作＋結果））

  a. 他 找了　一把 椅子 坐下了。[2] 〈変化あり〉

  彼 探した　1つ 椅子 腰かけた

  （彼は空いている椅子を探して腰かけた。）

  b. ＊坐下着

  c. ＊在坐下

(41) 开（自動詞）（開く、開いた形態を維持する：変化、静的動作）

  a. 门　开了。　〈変化あり〉

  ドア　開いた／開いている

  （ドアが開いた。ドアが開いている（結果残存）。）

  b. 门　开着　　　呢。　〈静的動作あり〉

  ドア　開いたままだ　固定場面

  （ドアが開いたままの状態を維持している。）

  c. ＊门在开

　"V着" の形は、"坐着吃"（座って食べる）、"走着去"（歩いて行く）、"哭着说"（泣いて言う）のように付帯状況を表すこともある。

　〈静的動作〉は〈動的動作〉と〈状態〉の中間的な性格を有することから、"V着" の使用には様々な制約がかかる。例えば、持続的な動的動作は維持の意味を含むため、"V着" の形が成立するが、"V着" が動的動作の持続の描写として用いられるのは物語的な文章に限られる。

(42) 东郭先生赶着驴，在路上慢慢地走着。驴背上驮着一个口袋，口袋里装着很多书。忽然从后边跑来一只狼，慌慌张张地对东郭先生说：

　　（東郭さんはロバを駆りながら、道をゆっくりと歩いていた。ロバは袋を1つ背負っており、袋には本がたくさん入っていた。突然後ろからオオカミが1頭駆けて来て、大慌てで東郭さんに言った。…

　　　　　　　　　　　　　　　　　　　　　　　　（三宅 2012: 169）

また、静的動作を表す "坐"（座った姿勢を維持する）は、"坐着" の形で静的動作を表せる（例（39b））が、存在文の文型で "坐着" を用いて、〈状態〉の形で述べることもできる（例（43））。設置を表す他動詞の "V着" の形は、存在文の文型で用いられ、「してある」に相当する表現をつくる（例（44））。

(43) 凳子上　　<u>坐着</u>　　一个　孩子。（存在文）
　　　腰かけ-上　座っている　1人　子ども
　　　（腰かけに着座姿勢の 1 人の子どもが存在する。）

(44) 墙上　　<u>贴着</u>　　一张　地图。
　　　壁-上　貼ってある　1枚　地図
　　　（壁に地図が 1 枚貼ってある。）　　　　　　　　　（木村 2012: 147）

　三宅（2012: 168–169）は、"V着" が実際によく用いられるのは、①状態（本稿で言う静的動作）の持続（例（36b）（39b））、②付帯状況、③存在文（例（43）（44））の 3 つとするが、このことからも "V着" が〈状態〉への指向性を有する表現であることがわかる。

　"V着" は語りのテキストで一定の効果を意図して用いられることがある。童話や昔話の中国語訳では、物語の結末で主人公のその後の人生の過ごし方を述べるのに、"着" が用いられることがある。次の (45)（グリム童話 Das Eselein（小さなロバ）の結末部分）でも、日本語では結末部分で「送っていた」を用いるのは不自然だが、中国語訳では "过着"（過ごしている）となっている。映画やアニメでは、結末部分で「いつまでも幸せに暮らしました」と語りながら「幸せに暮らしている」様子を静止画像で見せることがあるが、結末部分で "着" を用いるのもこれと同じ感覚と見られる。

(45) a. そして王様は若者に国を半分与えましたが、一年経って王様が亡くなると国全体が若者のものとなりました。そして自分の父親が亡くなった後はもう一つの国も若者のものになり、栄えある生涯を<u>送りました</u>（# 送っていました）。[完]

(https://www.grimmstories.com/ja/grimm_dowa/chisana_roba)

b. 于是，老国王给了他半个王国。一年后，老国王一死，整个王国都是他的了。他父亲死后，他又得到另一个王国，因此过着荣华富贵的生活。［完］

（杨武能·杨悦译《格林童话》北京燕山出版社、2000年: 343）

中国語において、〈変化あり〉、〈静的動作あり〉が動詞接辞"了₁"、"着"で、〈動的動作あり〉が副詞"在"で表されることには一定の理由がある。

副詞"在"は「同時」を表し、"已经"（すでに）、"快"（じきに）と同じく、事象と基準時との時間関係を表す。〈動的動作〉は時空間の中に存在する事象であるから、〈動的動作〉に「同時」という時空間を付与すれば〈動的動作あり〉となる。場所表現がある場合は、"在"がなくても進行中の動作を表せるが、これも場所表現が〈動的動作〉に特定の時空間を付与するからである。

(46) 我 现在 在 家 看 电视。
　　 私 今　 で 家 見る テレビ
　　 （私は今家でテレビを見ている。）

動詞接辞"了₁"、"着"は「事象の形」を表す。〈変化〉は「変化前の状態と変化後の状態の間の境界」という「閉じた形」を持ち、〈静的動作〉は「状態を変えずに維持する」という「開いた形」を持つ。"了₁"、"着"はこれらの形が現実の出来事として具現化されていることを表す。

(47)　a.〈変化〉　　　　　　　b.〈静的動作〉

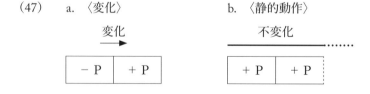

中国語の「する」と「した」と「している」　157

〈変化〉は時間の流れの中でのみ存在する。また、〈静的動作〉は動作の動的な側面を捨象した静的な展開のみを表し、時間の流れにそった展開のない〈状態〉に近づく。いずれも、〈動的動作〉のように単純に時空間を付与するだけでは出来事の存在は表せず、〈変化あり〉、〈静的動作あり〉とするためには、〈変化〉、〈静的動作〉が持つ「閉じた形」、「開いた形」を描き出すことが必要である。"了₁"、"着"はまさにそのための表現である。

5.　言語表現の組み合わせによるアスペクトの意味の構成

　"了₁"、"着"、"在"は動詞のアスペクト的意味を現実の出来事として表すだけであり、動詞の意味により使用可能なアスペクト表現が決まる。その一方で、言語表現を組み合わせて物事を構成的に描き出す中国語では、文中の他の表現の支えにより、動詞レベルでは共起しにくいアスペクト形式が共起可能になることがある。

　例えば、"破"（破れる）は〈変化〉を表し、"破了"とは言えるが、"*破着"とは言えない。その一方で、破れていない元の状態に戻ることがイメージしやすい場合は、"破"が潜在的に〈静的動作〉の意味を持つようになり、副詞 "还（還）"（変わらずに）や文末助詞 "呢"（固定場面）などの支えがあれば、その潜在的な静的動作の意味が顕在化して、"破着"と言えるようになる。

(48)　袜子　还　　破着　　　　呢。
　　　靴下　まだ　破れたままだ　固定場面
　　　（靴下はまだ破れた状態のままでいる。）

　また、"吃饭"（食事する）は〈動作〉を表し、"了₁"を用いるには、"吃了一顿饭"（食事を1回した）のように量的達成の意味を加えて〈変化〉に変換する必要がある。その一方で、食事には通常終わりがあるため、文末助詞 "了₂"（場面移行）や後続動作の描写を加えて、食事の動作全体を場面の推移の中で位置づければ、"吃饭"の潜在的な完了性（変化のイメージ）が顕在化されて、"了₁"

158　井上　優

が使えるようになる。完了のイメージのない"等"（待つ）は、"了₂"や後続動作の描写の追加だけでは"了₁"は使えない。

(49) a.?? 我　吃了₁　饭。
　　　　私　食べた　食事
　　 b.　我　吃了₁　饭　　了₂。
　　　　私　食べた　食事　場面移行
　　　　（食事をしたところだ。）
　　 c.　我　吃了₁　饭　　就　　　出去了³。
　　　　私　食べた　食事　すぐに　出かけた
　　　　（食事をしてすぐに出かけた。）

(50) a. *我　等了₁　他。
　　　　私　待った　彼
　　 b. *我　等了₁　他　了₂。
　　　　私　待った　彼　場面移行
　　 c. *我　等了₁　他　就　　　出去了。
　　　　私　待った　彼　すぐに　出かけた

　(48)(49)は、他の表現の支えにより、動詞が潜在的に有するアスペクト的意味が顕在化され、"着"、"了₁"が使えるという現象である。その一方で、中国語では、動詞のアスペクト的意味と合致するアスペクト表現を用いた場合でも、独立の文としては完結感に欠けることがよくある。

　"我吃了三碗饭"（私はごはんを3杯食べた）のように、〈動作〉に量的達成の意味を加えて〈変化〉にした表現は、単独で十分に完結感のある文になる。しかし、"换上"（乗り換える）、"开"（開いた形態を維持する）は、それぞれ〈変化〉、〈静的動作〉を表す動詞であり、"换上了₁"、"开着"と言えるが、これらを述語として用いるだけでは、十分に完結感のある文にならない（例(51a)(52a)）。(51b)(52b)のように別の文を続けたり、(51c)(52c)のように文末助詞"了₂"（場面移行）、"呢"（固定場面）を用いたりすることにより、十

中国語の「する」と「した」と「している」　159

分に完結感のある文になる。

(51) a. ?我 在 新宿 换上了₁　快车。

　　　　私 で 新宿 乗り換えた 快速

　　　　（新宿で快速に乗り換えた。）

　　b. 我 在 新宿 换上了₁　快车, 马上就 到　东京 了₂。

　　　　私 で 新宿 乗り換えた 快速　まもなく 着く 東京 場面移行

　　　　（新宿で快速に乗り換えました。まもなく東京に着きます。）

　　c. 我 在 新宿 换上　　快车 了₂。

　　　　私 で 新宿 乗り換えた 快速 場面移行

　　　　（新宿で快速に乗り換えたよ。「乗り換え前→乗り換え後」）

(52) a. ?门　　开着。

　　　　ドア 開いたままだ

　　b. 门　 开着,　　里边 好像　还　有　人。

　　　　ドア 開いたままだ 中　ようだ まだ ある 人

　　　　（ドアが開きっぱなしだ。中にまだ人がいるらしい。）

　　c. 门　 开着　　　呢。

　　　　ドア 開いたままだ 固定場面

　　　　（ドアが開きっぱなしだよ。）

　　4. で述べたように、無テンス言語である中国語において事象を特定の時空間に位置づけるとは、①時空間における事象の姿を具体的に描き出し、②その事象を「場面つき」で述べるということである。(51a) (52a) が単独で十分に完結感のある文にならないというのは、この②に関わる問題である。

　　2つ以上の出来事を述べることは、それだけで場面性の付与につながる。背景なしで1人の人物が写っている写真は全身写真でしかないが、2人以上の人物が写っていれば「複数の人物がいる場面」というイメージが増すのと同じである。"我吃了三碗饭"（私はごはんを3杯食べた）が単独で十分に完結感のある文になるのも、〈動作〉に量的達成の意味を加えた〈変化〉の表現

160　井上　優

が、実質的に「動作をおこない、その結果ある量に達した」という 2 つの出来事を表すからである。

　文末助詞 "了₂"（場面移行）、"呢"（固定場面）は、1 つの出来事に場面性を付与する。背景なしで 1 人の人物が写っている写真は全身写真でしかないが、それを動画の一部にして動きを与えたり、写真に背景をつけたりすれば「1 人の人物がいる場面」になるのと同じである。

　2 つ以上の出来事を述べる、1 つの出来事を場面移行・固定場面の中に位置づけるとは、叙述の視野を広げて遠視眼的な視野のもとで出来事の叙述をおこなうということである。言語表現を組み合わせて物事を構成的に描き出す中国語では、叙述の視野の拡大も言語表現によって表されるのである。

注

1　"笑起来"（笑い出す）、"吃完"（食べ終わる）などの局面動詞的な表現、および経験を表す動詞接辞 "过"、場面回想を表す文末表現 "来着" は、ここではアスペクトの表現に含めない。（中国語のアスペクト表現の分類については、木村（1982）も参照のこと。）

　　・北京　我　去过　　　　　三次。（北京には 3 回行ったことがある。）
　　　北京　私　行く-経験　3 回
　　・（「さっき君のところに行ったけど、いなかったね」と言われて）
　　　刚才　　我　去　买　　　东西　来着。（さっきは買い物に行っていたんだ。）
　　　さっき　私　行く　買う　もの　回想

2　"V了" が文末にあって既存の出来事を表す場合は、"了₁" と "了₂" の融合と説明される。

3　未来の出来事を述べる「食事をして出かける」も "吃了饭就出去" のように "了₁" が必要だが、「ごはんを 1 杯食べて出かける」は "了₁" を用いずに "吃一碗饭就出去" と言う。"吃了饭" は食事の完了を表すだけで、文全体が未来の出来事の場合は "吃了饭" も未来の出来事を表すが、"吃了一碗饭" は「ごはんを 1 杯食べた」という既存の出来事を表し、未来の出来事を表さないからである。

参考文献

井上優（2012）「テンスの有無と事象の叙述様式―日本語と中国語の対照―」『日中理論
　　　言語学の新展望 2　意味論』1–26. くろしお出版
井上優・生越直樹・木村英樹（2002）「テンス・アスペクトの比較対照―日本語・朝鮮

語・中国語―」『シリーズ言語科学 4　対照言語学』125–159. 東京大学出版会

木村英樹(1982)「テンス・アスペクト　中国語」『講座日本語学 11　外国語との対照 II 』19–39. 明治書院

木村英樹(1997)「'変化' 和 '动作' 」『橋本萬太郎記念中国語学論集』185–197. 内山書店

木村英樹(2012)『中国語文法の意味とかたち―「虚」的意味の形態化と構造化に関する研究―』白帝社(第 6 章、第 7 章)

三宅登之(2012)『中級中国語　読みとく文法』白水社

三宅登之(2014)「テンスとアスペクト」『日本語ライブラリー　中国語と日本語』45–52. 朝倉書店

刘月华·潘文娱·故韡(1983)《实用现代汉语语法》、北京：外语教育与研究出版社(相原茂監訳、片山博美・守屋宏則・平井和之訳(1991)『現代中国語文法総覧』くろしお出版)(原著は増訂版(2001 年、北京：商務院書館)あり)

日本語と韓国語の
テンス・アスペクト形式について
「シテイル」形との対応関係を中心に

高 恩淑

1.　はじめに

　日本語と韓国語は韓国語母語話者、日本語母語話者にとって互いに学びやすい言語であると言われている。それは、基本的に語順が同じであるだけでなく、日本語と韓国語において類似する文法項目が多いことにも起因する。日本語の初級文法項目の 7 割が韓国語と一対一の対応関係にあるとされる（高 2015b）が、その一方で、学習上における難関も少なからず存在する。その 1 つがテンス・アスペクト形式である。

　韓国語は日本語とテンス・アスペクトの対立が異なる。日本語では「シテイル」形が「動作進行」や「結果継続」、「経験・記録」、「完了」などを表すのに対し、韓国語では「ha-nta[1]」形、「hayss-ta」形、「ha-ko iss-ta」形、「hay iss-ta」形といった複数の形式で表される。また、韓国語の「hayss-ta」形は基本的に日本語の「シタ」形に相当する過去形とされるが、「シテイル」形や「シテイタ」形のアスペクト的意味をも表しうるため、日本語の「シタ」形のように発話時と出来事時の関係のみで単純に捉えることができない。

　本稿では、主に日本語の文末に用いられる「シテイル」形に対応可能な韓国語のテンス・アスペクト形式を取り上げ、その対応関係を明らかにすると共に、両言語におけるテンス・アスペクトの重なりやずれについて考察する。

　以下、2. では日本語と韓国語の基本的なテンス・アスペクト体系について簡単に概観する。3. から 5. にかけて、文末に用いられる「シテイル」形と韓国語のテンス・アスペクト形式との対応関係を記述し、6. で「シテイタ」

形との対応関係を述べる。7. は本文のまとめと今後の課題である。

2. 日本語と韓国語のテンス・アスペクトの概観

　まず、韓国語のテンス形式をみると、日本語の「スル」形に相当する「ha-nta」形[2]と、「シタ」形に相当する「hayss-ta」形[3]がある。日本語の「スル」形は、動作性動詞の場合、現在を表すことができないが、「ha-nta」形は基本的に現在と未来を表わし、「hayss-ta」形とは現在・未来／過去というテンスの対立を持つ。アスペクト形式には、日本語の完成相「スル」形に相当する「ha-nta」形（「シタ」形は「hayss-ta」形）と、継続相[4]「シテイル」形に相当する「ha-ko iss-ta」形[5]、「hay iss-ta」形（「シテイタ」形は、「ha-ko iss-ess-ta」形と「hay iss-ess-ta」形）がある。

　日本語とのテンス・アスペクトの対応関係を簡単にまとめると次の通りになるが、表1はあくまで日本語と韓国語における基本的なテンス・アスペクトの対応関係を示しているだけで、それぞれの形式1つ1つが、形式上完全に対応していることを意味するものではない。

表1　基本的なテンス・アスペクトの体系

アスペクト テンス＼言語	完成相		継続相			
			進行相		結果相	
	日本語	韓国語	日本語	韓国語	日本語	韓国語
非過去	スル	ha-nta	シテイル	ha-ko iss-ta	シテイル	hay iss-ta
過去	シタ	hayss-ta	シテイタ	ha-ko iss-ess-ta	シテイタ	hay iss-ess-ta

※ -ess- は、過去を表す形態素

　日本語のアスペクトは、二項対立型で「スル」形、「シテイル」形によって〈完成相〉と〈継続相〉に分けられるが、韓国語は基本的に三項対立型で「ha-nta」形、「ha-ko iss-ta」形、「hay iss-ta」形によって〈完成相〉、〈進行相〉、〈結果相〉の3つに分けられる。また、韓国語は完成相を表す「ha-nta」形と「hayss-ta」形が継続相の意味をも表し得る点で日本語とは異なる。日本

語の場合、動作性動詞の「スル」形は通常未来を表すため、現在の事象を表すには「シテイル」形を用いねばならないが、韓国語では、「ha-nta」形で「動作進行」（動作・変化の最中）を表すことができる。つまり、発話時における「動作進行」を表す「シテイル」形は、韓国語において、a)「ha-ko iss-ta」形だけでなく、b)「ha-nta」形で表現することが可能である。

（1）妹は今部屋で<u>勉強しています</u>。
　　　여동생은 지금 방에서 <u>a) 공부하고 있어요 {kongpu-ha-ko iss-eyo}</u>.
　　　　　　　　　　　　　 <u>b) 공부해요 {kongpu-hay-yo}</u>.

　次の（2）のように、「結果継続」（動作・変化が完了した後の状態）を表す「シテイル」形は、基本的に a)「hay iss-ta」形で表されるが、発話時における発見や驚き、気づきといった話し手の主観的な感情が込められる場合、b)「hayss-ta」形が用いられる。

（2）ゴキブリが<u>死んでいる</u>。
　　　바퀴벌레가 <u>a) 죽어 있다 {cwuk-e iss-ta}</u>.
　　　　　　　　 <u>b) 죽었다 {cwuk-ess-ta}</u>.

　以上のように、韓国語において完成相の「ha-nta」形と「hayss-ta」形は、それぞれ進行相の「ha-ko iss-ta」形と結果相の「hay iss-ta」形のアスペクト的意味を表し得る。
　一方、日本語では過去に起こった出来事であっても、それが現在（発話時）と何らかの関わりを持っている場合（いわゆる、「経験・記録」の用法）、過去を表す「シタ」形より、結果継続を表す「シテイル」形が多く用いられるが、韓国語では、過去の出来事はすべて日本語の「シタ」形に相当する「hayss-ta」形で表される。
　以下、例文において、非文法的な文の場合（統語レベルで不適格）「*」、文法的に間違っていないが文脈から不自然な場合「#」（テキストレベルで不

適格）、統語レベルまたはテキストレベルにおいて不自然な文の場合「?」を、該当文の前に付け加える。

（3）コロンブスは 1451 年に a) 生まれている／ b) 生まれた。
　　　콜롬버스는 1451 년에 a) * 태어나 있다 {thayena iss-ta} ／
　　　　　　　　　　　　　　b) 태어났다 {thayenass-ta}.

　また、日本語の「シタ」形は、既に終わった出来事を捉えるテンス・アスペクト形式で、一般に「過去」と「完了」を表すとされるが、韓国語の「hayss-ta」形は、既に終わった出来事だけでなく、発話時までの効力・結果が残っている出来事をも捉えることができる。つまり、韓国語の「hayss-ta」形は、「過去」と「完了」だけでなく、発話時における「結果継続」や実現した後の効力持続を持つ「経験・記録」も表し得るのである。
　こうした日本語と韓国語のテンス・アスペクト体系における違いは、浜之上 (1991) (1992)、生越 (1995) (1997)、井上 (2001b)、井上・生越・木村 (2002)、高 (2015a) などの多くの先行研究で指摘されてきた。しかしながら、日本語と韓国語のテンス・アスペクト形式がどのように対応し、どういったずれが見られ、その要因が何かなどについては未だ明らかになっていないところがある。よって、以下では日本語のテンス・アスペクトの諸形式において、韓国語とのずれが著しく見られる、文末の「シテイル」形を中心に韓国語との対応関係を明らかにすると共に、両言語におけるテンス・アスペクトの重なりやずれについて考察を試みる。

3. 「動作進行」と「結果継続」を表す「シテイル」形との対応関係

　ここでは、「シテイル」形の主な用法である「動作進行」と「結果継続」を取り上げ、韓国語のテンス・アスペクト形式とどのように対応しているかについて考える。

3.1　2つの局面を表し得るアスペクト形式

　上述したように、韓国語の「ha-nta」形は日本語の「スル」形と違って未来の出来事だけでなく、発話時における「動作進行」をも表すことができる。しかし、「ha-ko iss-ta」形が動作開始後から未だ続いている〈継続中にある出来事〉を表すのに対し、「ha-nta」形は単に発話時に行われる動作を〈1つの出来事〉として表す点で異なる。つまり、進行相を表す「ha-ko iss-ta」形は、継続中の動作を表すため発話時において観察可能な具体的な場面設定が必要であるのに対し、「ha-nta」形は、継続中であるという具体的な場面設定が行われる文には使いにくい。よって、次の(4)、(5)のように発話時の前から持続している動作の継続が強調され、その場面が具体的に観察可能な場合、「ha-nta」形は使いにくい。

（4）（弟は部屋に閉じこもって）昨日からレポートを書いています。
　　　　어제부터 레포트를 <u>쓰고 있어요</u> {ssu-ko iss-eyo}.
　　　　　　　　　　　? <u>써요</u> {sse-yo}.
（5）お母さんは先から2時間も夕飯を作っている。
　　　　엄마는 아까부터 2시간이나 저녁밥을 <u>만들고 있다</u> {mantul-ko iss-ta}.
　　　　　　　　　　　? <u>만든다</u> {mantun-ta}.

　また、韓国語において発話時における「結果継続」を表す場合、基本的に結果相を表す「hay iss-ta」形が用いられるが、次のように発話時に残っている結果が話者にとって予期せぬ出来事や発見性が強い場合は、「hayss-ta」形が用いられる。

（6）（友達のカバンが開いているのを見て）
　　a.　カバン {#開いた／開いてる} よ。
　　b.　가방 <u>열렸어</u> {yellyess-e} ／? <u>열려 있어</u> {yellye iss-e}.
（7）（隣に座っている人の足元にハンカチが落ちているのを見て）
　　a.　ハンカチ {#落ちました／落ちてます} よ。

b.　손수건 떨어졌어요 {ttelecyess-eyo} ／

　　? 떨어져 있어요 {ttelecye-iss-eyo}.

　日本語において、「シタ」形（「カバンが開いた」、「ハンカチが落ちた」）が使えるのは、「その状況が生じる際の経緯全体を直接知覚した時、あるいは直接知覚したのと同程度に経緯全体を把握できた時（生越 1997:149）」に限られる。しかし、韓国語では、経緯全体を完全に把握する必要はなく、変化の経緯がおおよそ把握でき、それがある出来事の結果だとわかれば、「hayss-ta」形が使える（生越 1997、井上 2001b、井上・生越・木村 2002）。

　一方、「hay iss-ta」形は、ある出来事の結果が発話時までにまだ残っていることに注目する表現なので出来事の生起を既に知っていて、かつその結果が現在も持続していることを表す場合に用いられるが、「hayss-ta」形は基本的に結果を重視する表現であるため、次の（8）のように継続過程に焦点を当てて述べる場合は使いにくい。

（8）a.　教室の鏡はずっと前から {割れている／*割れた}。

　　b.　교실의 거울은 훨씬 전부터 깨져 있다 {kkaycye-iss-ta ／

　　　　　　　　　　* 깨졌다 {kkaycyess-ta}

　以上のように、日本語では発話時における「動作進行」や「結果継続」を表す場合「シテイル」形が用いられるが、韓国語では「動作進行」には「ha-nta」形と「ha-ko iss-ta」形が、「結果継続」には「hayss-ta」形と「hay iss-ta」形が用いられる。つまり、日本語では「スル」形と「シタ」形がアスペクト的に完成相を表すのに対し、韓国語の「ha-nta」形と「hayss-ta」形は完成相に限らず継続相の意味をも表し得るのである。韓国語の場合、同じ出来事の局面を 2 つの形式で表し得ると言える。こういった点から考えると、「ha-nta」形と「hayss-ta」形は完成相と継続相の中間領域に存在する形式として捉える方がより妥当なのかもしれない。

　井上（2001b）、井上・生越・木村（2002）は、日本語は完成相のアスペクト

形式「スル」形、「シタ」形の使用制限が厳しい分、継続相の「シテイル」形が使いやすくなっているが、韓国語では完成相の「ha-nta」形、「hayss-ta」形の使用に関する制約が緩やかな分、継続相の「ha-ko iss-ta」形、「hay iss-ta」形の使用に関する制約が厳しくなっていると論じている。

3.2　アスペクト的意味を決める要素

　上述したように、韓国語では基本的に「動作進行」を表す場合「ha-ko iss-ta」形が用いられ、「結果継続」を表す場合「hay iss-ta」形が用いられる。しかし、これはすべての動詞において当てはまるものではない。「ha-ko iss-ta」形は、動作性動詞であれば自他を問わず発話時における「動作進行」を表す[6]が、「hay iss-ta」形は、基本的に主体の変化を表す自動詞のみに用いられ、「結果継続」を表す[7]。浜之上（1991）は、動詞の結果性において、自動詞の場合は「hay iss-ta」形が、他動詞の場合は「hako iss-ta」形が、それぞれ動作の終了後の局面を表すと指摘している。つまり、他動詞の場合、「hay iss-ta」形が使えないため、「ha-ko iss-ta」形で「動作進行」と「結果継続」を表すと考えられる。

　しかしながら、すべての他動詞が「ha-ko iss-ta」形で「結果継続」を表し得るわけではない。形態上他動詞ではあるが、意味的に主体変化の特徴を持っている「持つ、背負う、抱える、握る、つかむ、くわえる」などの他動詞や、再帰性を持つ着脱他動詞だけが「ha-ko iss-ta」形で「結果継続」を表すことが可能である。要するに、主体変化を表す動詞の場合、自動詞は「hay iss-ta」形で「結果継続」を表すのに対し、他動詞は「ha-ko iss-ta」形で「結果継続」を表すのである。

（9）창문 유리가 깨져 있다 {kkaycye iss-ta}.
　　　窓のガラスが<u>割れている</u>。
（10）타로는 책을 많이 가지고 있다 {kaci-ko iss-ta}.
　　　太郎は本をたくさん<u>持っている</u>。
（11）안나는 빨간 옷을 입고 있다 {ip-ko iss-ta}.

アンナは赤い服を着ている。

　用例(11)のように、「着る、脱ぐ、履く、被る、(めがねを)かける、(ネクタイを)しめる」などの再帰性を持つ着脱他動詞は、通常動作主体の変化を表すが、動作性をも合わせ持っていることから、日本語の「シテイル」形と同様に「ha-ko iss-ta」形が「動作進行」と「結果継続」の2つの局面を表し得る[8]。

　以上のように、韓国語におけるアスペクト形式を動詞の自他で分けると次のようになる。

表2　韓国語における動詞の自他とアスペクト形式の対応関係

自他　　　意味分類　アスペクト	自動詞		他動詞	
	主体動作	主体変化	主体動作	主体変化
継続相	ha-ko issta		ha-ko issta	
結果相	／	hay iss-ta	／	ha-ko issta

　韓国語において主体の変化を表す動詞は「結果継続」を表す場合、動詞の自他により使われるアスペクト形式が異なるが、ある動詞が「進行相」を表すか、「結果相」を表すかは〈動詞の有する語彙的な意味〉に依存するところが大きい。特に、他動詞の場合、日本語と同様に1つの形式(「ha-ko iss-ta」形)で「動作進行」と「結果継続」を表現するが、「結果継続」を表し得る他動詞はかなり制限されているため、動詞の意味分類が重要な位置を示すと考えられる。こうした点から、韓国語におけるアスペクト的意味は〈動詞の自他〉と〈動詞の有する語彙的な意味〉によって決まると捉えられる[9]。

3.3　「動作進行」を表し得る変化動詞 [10]

　一般に日本語において、主体変化を表さない動詞(以下、非変化動詞)は「動作進行」の意味になり、主体変化を表す動詞(以下、変化動詞)は「結果

継続」の意味になるとされる。つまり、日本語では変化動詞の場合、「シテイル」形で「動作進行」を表現することが難しい。次の(12)、(13)のように、「シテイル」形で変化の最中を表すためには、通常変化の途中であると解釈可能な場面や文脈が必要である。それに対し、韓国語では、状態性の強い変化動詞であっても、瞬間的な事態を捉えるものでなければ、「ha-ko iss-ta」形で「変化過程」を表現することができる。

(12)（地震で地面が割れていくのを見て）

地震で地面が<u>割れている</u>。

지진으로 땅이 <u>갈라지고 있다</u> {kallaci-ko iss-ta}.

〔地震で地面が<u>割れつつある</u>。〕

(13)（守衛によって校門が開いていくのを見て）

校門が<u>開いている</u>。

교문이 <u>열리고 있다</u> {yelli -ko iss-ta}.

〔校門が<u>開きつつある</u>。〕

　一方、日本語の共通語では、1つのアスペクト形式「シテイル」形で「動作進行」と「結果継続」を表現するが、西日本諸方言では韓国語と同様に2つの異なる形式で表される。西日本の多くの方言[11]には、「シテ（テ形）＋オル（存在動詞）」の文法化によって成立した「シトル」系形式と、「シ（連用形）＋オル」から成立した「ショル」系形式のアスペクト対立がある（工藤1999、2004、佐々木・渋谷・工藤・井上・日高2006）。韓国語のアスペクトが、「ha-nta」形、「ha-ko iss-ta」形、「hay iss-ta」形の三項対立型であるように、西日本諸方言も「スル」形、「ショル」形、「シトル形」によって、〈完成相〉、〈進行相〉、〈結果相〉の3つが区別される。韓国語が通常「ha-ko iss-ta」形で「動作進行」を、「hay iss-ta」形で「結果継続」を表すように、西日本諸方言も「ショル」形と「シトル」形がそれぞれ「動作進行」と「結果継続」を表す。

（14）a.　あちこち葉っぱが落ちよる。　　　　　〈進行相〉
　　　　여기저기 낙엽이 떨어지고 있다 {tteleci-ko iss-ta}.
　　b.　あちこち葉っぱが落ちとる。　　　　　〈結果相〉
　　　　여기저기 낙엽이 떨어져 있다 {ttelecye iss-to}.

　（14）a のように、共通語の「シテイル」形では場面・文脈の支えがないと表現しにくい「変化過程」も、西日本諸方言では、韓国語の「ha-ko iss-ta」形と同様に進行相の「シヨル」形で表される。また、共通語では場面・文脈の支えがあっても「行く、来る、帰る、戻る、着く」などの位置変化を表す移動動詞や、「（雪が）積もる、（灯りが）つく、（光が）消える、」などのように変化の終わりが曖昧な変化動詞の場合、「シテイル」形で「変化過程」を捉えることができないが、「ha-ko iss-ta」形と「シヨル」形は発話時において〈変化の最中〉であることを表すことが可能である[12]。

（15）向こう側にバスが来よる。
　　　맞은편에서 버스가 오고 있다 {o-ko issta}.
　　　#向こう側にバスが来ている。
（16）雪が積もりよる。
　　　눈이 쌓이고 있다 {ssahi-ko iss-ta}.
　　　#雪が積もっている。　　　　　　　（高（2017:135）の例文を引用）

　このように、韓国語と西日本諸方言は「動作進行」と「結果継続」をそれぞれ異なる形式で表現し、進行相の「ha-ko iss-ta」形と「シヨル」形で〈変化の最中〉を表し得る点で相通じている。その一方、韓国語におけるアスペクト的意味は、共通語と同様に〈動詞の有する語彙的な意味〉に依存するところが大きいが、西日本諸方言は韓国語に比べ語彙上の制約が緩い（高 2017）。例えば、3.2 で述べたように、「着る、脱ぐ、履く、被る」などの再帰性を持つ着脱他動詞は、韓国語も共通語の「シテイル」形と同様に、「ha-ko iss-ta」形で「動作進行」と「結果継続」を表すが、西日本諸方言では「シ

ヨル」形と「シトル」形の使用により、両者の使い分けが可能である。つまり、西日本諸方言は基本的に動詞の意味分類に依存することなく、1つの動詞で2つの局面を表現することが可能であると言える。

4.「経験・記録」を表す「シテイル」形との対応関係

日本語の「シテイル」形は、「動作進行」や「結果継続」の他に、過去に実現した出来事の効力が現在に残っている状況(いわゆる、「経験・記録」)を表すことがある。実現した後の効力を持っているということは、「結果継続」のように、出来事時と現在の発話時が結びつけられていることを意味する。しかし、「結果継続」では具体的な結果が存在するのに対し、「経験・記録」ではそうした結果が存在しないという点で異なる(庵2001)。日本語ではいずれも「シテイル」形で表されるが、韓国語では「結果継続」の場合は「hay iss-ta」形が用いられ、「結果・記録」の場合は「hayss-ta」形が用いられる。

(17) この橋は5年前から壊れている。　　　　　(結果継続)
　　　 이 다리는 5 년전부터 부서져 있다 {pusecye iss-ta}.
(18) この橋は5年前に壊れている。　　　　　　(経験・記録)
　　　 이 다리는 5 년전에 부서졌다 {pusecyess-ta}.
　　　 (庵(2001:83)の例文に韓国語訳をつけたもの)

韓国語において異なる形式で表されるのは、(17)の場合発話時までに客観的に確認できる結果(壊れた橋の状態で残っている)が存在するのに対し、(18)は過去にあった出来事(過去に壊れた橋のこと)を述べているに過ぎないからである。よって、(17)には現状として出来事の結果が残っていることに注目する「hay iss-ta」形が用いられるが、(18)には単に過去に起こった出来事を表す「hayss-ta」形が用いられる。

日本語では過去に起きた出来事であっても、それが現在(発話時)において効力を残している「経験・記録」[13]を表す場合、「シタ」形より「シテイル」

形が多く用いられるが、韓国語ではいくら現在との関連性が強くても過去の出来事であれば、「hayss-ta」形が用いられる。

(19) 真犯人は 3 年前に死んだ／死んでいる
　　　진범은 이미 3 년전에 죽었다 {cwuk-ess-ta} ／
　　　　　　　　　　　　　 * 죽어 있다 {cwuk-e iss-ta}.

(20) 今月だけで 3 回も会社を休んだ／休んでいる。
　　　이번 달에만 3 번이나 회사를 쉬었다 {swi-ess-ta} ／
　　　　　　　　　　　　　? 쉬고 있다 {swi-ko iss-ta}

　意味上の違いはあるが、日本語では「シテイル」形と「シタ」形との置き換えが可能であるのに対し、韓国語では発話時において結果・効力が存続していても、過去の出来事であることに変わりがないため、「hay iss-ta」形は使えない。例えば、「コロンブスは 1451 年に生まれている」という歴史的な事実の場合も韓国語では「hayss-ta」形でしか表すことができない。

　このように、日本語では過去の出来事が発話時まで効力を残している「経験・記録」を表す場合「シテイル」形が用いられるが、韓国語では現在と切り離された「過去の出来事」はもちろん、現在と深く関連付けられている「経験・記録」も、文の肯否を問わず「hayss-ta」形でしか表現することができない(高 2015b)。

5. 「完了」を表す「シテイル」形との対応関係

　工藤 (1995) は、アスペクトの中に完成相と継続相の他にパーフェクト相を設けていて、「経験・記録」と共に、「完了(「(モウ)シタ」)」も現在パーフェクトに含めている[14]。それに対し、井上 (2001a)、(2011) は、「経験・記録」と「完了」とでは、パーフェクトな意味の具体的内容が異なると唱える。「パーフェクト相現在(経験・記録：引用者注)のシテイルのパーフェクト性は、出来事が実現済みの状態にある(出来事の結果・効力が存在する)ことを

述語レベルで述べるものだが、シタ Ic（完了：引用者注）のパーフェクト性は、発話時が当該の出来事の実現想定区間内にあるという疑似的なものにすぎない（井上 2011:32）」と説明している。庵（2001）、（2014a）も、工藤（1995）の言う「現在パーフェクト」から「完了」を除くべきであると指摘している。

　日本語におけるパーフェクト用法については、学者の間でも意見が分かれるが、韓国語では、発話時以前に起こったことを述べる「完了」は勿論、過去の出来事を発話時に関連づけて述べる「経験・記録」（「現在パーフェクト」）も、「hayss-ta」形で表される。

(21) ご飯はもう食べている。　　　　　　（完了）
　　 밥은 벌써 먹었다 {mek-ess-ta}.
(22) 父は若い頃ロシア語を習っている。　（経験・記録）
　　 아버지는 젊었을 때 러시아어를 배웠다 {paywess-ta}.

　これは「hayss-ta」形が発話時を基準時として、それより前に起きたあらゆる局面（発話時直前であっても）を、ひとまとまりのものとして捉える形式であることに起因する。現在と切り離された過去の出来事はもちろん、発話時に繋がっている経験・記録や、発話時直前における事態の完了も、発話時の現時点に区切って考えると、文の肯否を問わず〈ひとまとまりの出来事〉として捉えられる。よって、韓国語では発話時までに動作が完了していようがいまいが、完結性を持つ「hayss-ta」形が用いられる（高 2015a）。

6.　過去の出来事を表す「シテイタ」形との対応関係

　発話時における「動作進行」や「結果継続」、「経験・記録」、「完了」などを表す「シテイル」形が、韓国語では用法によって異なる形式で表されるように、「シテイタ」形もその用法によって「hayss-ta」形、「ha-ko iss-ess-ta」形、「hay iss-ess-ta」形、「hayss-ess-ta」[15]形で表現される。

　ここでは、日本語の「シテイタ」形に対応する韓国語のテンス・アスペク

ト形式を取り上げ、その対応関係について考える。

6.1　過去における「動作進行」や「結果継続」を表す「シテイタ」形

　日本語では、現在と切り離された過去における継続を表す場合「シテイタ」形が用いられるが、韓国語ではその出来事が「動作進行」か、それとも「結果継続」かによって用いられる形式が異なる。基本的に過去における「動作進行」を表す場合、「ha-ko iss-ta」形の過去形である「ha-ko iss-ess-ta」形が用いられ、「結果継続」を表す場合、「hay iss-ta」形の過去形である「hay iss-ess-ta」形が用いられる。

　日本語において、変化動詞は他動詞の再帰的用法をも含めて「結果継続」を表し、自他による形式の違いは見られないが、韓国語では、3.2で述べたように、自他により用いる形式が異なる。自動詞には「hay iss-ta」形が用いられ、他動詞には「ha-ko iss-ta」形が用いられる。これは過去の出来事においても、同様なことが言える。次の(23)、(24)は、いずれも現在と切り離された過去の「結果継続」を表現しているが、自動詞である(23)には「hay iss-ess-ta」形が、他動詞である(24)には「ha-ko iss-ess-ta」形が用いられている。

(23) 昨日は朝顔がきれいに 咲いていた。
　　　어제는 나팔꽃이 예쁘게　피어 있었다 {phi-e iss-ess-ta}.
(24) その人は背が高くて、メガネを かけていた。
　　　그 사람은 키가 크고 , 안경을　쓰고 있었다 {ssu-ko iss-ess-ta}.

　一方、日本語の「シテイタ」形が過去のある時点における「動作進行」を表す場合、韓国語では「hayss-ta」形が用いられることがある。井上・生越・木村(2002: 133–135)は、「ha-ko iss-ess-ta」形は、日本語の「～しているところだ」と同様に「場面属性叙述」という場面説明的な意味が明確であるため、具体的な場面設定がない文脈では使えないが、「hayss-ta」形は、出来事の時間的位置を示すだけの、動的叙述性が希薄な表現であるため、広く使え

る、と説明している。

(25) (待ち合わせ場所に遅れてきた妻が、先に来ていた夫に)
　　　ごめんなさい。
　　a.　銀行でお金をおろしてたの(＃おろしたの)。
　　b.　은행에서 돈을 찾았어요 {chac-ass-eyo}.
　　　　　　(＃찾고 있었어요 {chac-ko iss-ess-eyo})
　　　〔銀行でお金を引き出しました。(引き出していました)〕
　　　　　　(井上・生越・木村(2002:134)の例文にハングルをつけたもの)

　韓国語の「hayss-ta」形は、日本語の「シタ」形と違って、過去における個別的な出来事だけでなく、発話時における「結果継続」や発話時以前に起こった「完了」を表すことができる。また、過去の出来事を発話時に関連づける「経験・記録」や過去における「動作進行」をも表すことが可能である。
　他に、大過去を表すとされる「hayss-ess-ta」形もあるが、「hayss-ta」形に比べ時間の制約が厳しく、その使用範囲も限られている(白 2004、南・高 2007)。次の(26)、(27)のように、「hayss-ess-ta」形は基本的に出来事が起こった過去の一時点に発話者の視点を置いて事柄を述べる形式である。発話時との断絶性が強く、現在とは異なる状況であることが明白に現れるため、〈過去回想〉の意味を表すことが多い。

(26) 去年のこの時期は雪がたくさん降っていた。
　　　작년 이맘때는 눈이 많이 내렸었다 {nayli-ess-ess-ta}.
(27) 兄は以前この学校に通っていた。
　　　형은 전에 이 학교에 다녔었다 {tani-ess-ess-ta}.

6.2　過去における「完了」を表す「シテイタ」形
　日本語の「シテイタ」形にも、韓国語の「hayss-ess-ta」形のように過去のある時点を基準にして、それより前に起きた出来事を述べる「(過去)完了」

の用法がある。韓国語と違って、日本語では「シテイル」形が発話時におけ
る「動作進行」や「結果継続」、「経験・記録」、「完了」などを表し、「シテ
イタ」形が過去における「動作進行」や「結果継続」、「(過去)完了」などを
表す。しかし、アスペクト的意味を表す形式は1つであっても用法によっ
て、テンス的側面の「ル／タ」の部分が果たす機能が異なる(庵 2014a、庵
2014b)。庵(2014b)によると、「動作進行」と「結果継続」は観察時が存在
するのに対し、それ以外の用法は観察時ではなく基準時が存在する、とい
う。庵(2014b)の考えに沿って考えると、「動作進行」と「結果継続」は、
出来事が起こった時点によって、現在の場合は発話時が観察時となり、過去
の場合は過去の一時点が観察時となって、発話者が観察可能でなければなら
ない。

　一方、それ以外の用法は、観察時は存在せず基準時があって、出来事が起
きた時点(=基準時)と発話時が結びつけられていれば「経験・記録」で、基
準時より前に起こった出来事を表せば「完了」を表すということになる。つ
まり、過去における「動作進行」と「結果継続」の場合は、過去の一時点(=
観察時)に発話者の視点が置かれていて、出来事の観察が可能であるのに対
し、「(過去)完了」の場合は、観察時が存在せず基準時があって、その前に
起こった出来事を表すと捉えられる。

　次の(28)、(29)は、それぞれ過去における「動作進行」と「結果継続」
を表していて、「会社を出る時」、「教室に入った時」が、発話者の視点が置
かれる観察時となっている。韓国語では、このように過去の一時点に観察時
が存在する場合、通常過去における「動作進行」には「ha-ko iss-ess-ta」形
(28a)が用いられ、「結果継続」には「hay iss-ess-ta」形(29a)が用いられる。
大過去を表す「hayss-ess-ta」形(28b)、(29b)を用いることも可能であるが、
その場合、「会社を出る時」、「教室に入った時」は基準時となり、その前に
起こった出来事を捉えるようになる。こういった「hayss-ess-ta」形は基本的
に、発話時における状況とは異なる「(過去)完了」を表す。

(28) 先、会社を出る時は雨が<u>降っていた</u>。

a. 아까 , 회사를 나올 때는 비가 내리고 있었다 {nayli-ko iss-ess-ta}.

b. 아까 , 회사를 나올 때는 비가 내렸었다 {naylyess-ess-ta}.

(29) 私が教室に入った時は窓ガラスが割れていた。

a. 내가 교실에 들어 갔을 때는 창문 유리창이 깨져 있었다 {kkaycye-iss-ess-ta}.

b. 내가 교실에 들어 갔을 때는 창문 유리창이　깨졌었다 {kkaycyess-ess-ta}.

　次の(30)の場合、日本語では「シテイタ」形で「(過去)完了」を表すが、韓国語では「hay iss-ess-ta」形と「hayss-ess-ta」形のいずれも使用が可能である。a. の「hay iss-ess-ta」形が観察時(「家に帰ってきた時」)における「結果継続」を表すのに対し、b. の「hayss-ess-ta」形は、基準時(「家に帰ってきた時」)より前に起こった「(過去)完了」を表す。b. の「hayss-ess-ta」形は、基準時とその前に起こった出来事との関わりはなく、単に基準時における状況を説明する文である。

(30) 私が家に帰ってきた時、母はもう出かけていた。

a. 내가 집에 돌아왔을 때, 어머니는 이미 외출해 있었다 .

{oychwul-hay iss-ess-ta}

b. 내가 집에 돌아왔을 때, 어머니는 이미 외출했었다 .

{oychwul-hayss-ess-ta}

　以上のように、日本語では過去における「動作進行」、「結果継続」、「(過去)完了」が「シテイタ」形1つで表現されるが、用法によってテンス的側面の「タ」の果たす機能が異なるため、観察時と基準時を分けて考える必要がある。こういった用法の違いは、日本語のみでは気づきにくいが韓国語に対応して考えることにより、その違いが一層明らかとなる。

7.　おわりに

　以上、本稿では日本語の文末に用いられる「シテイル」形を中心に、韓国

語との対応関係を明らかにすると共に、両言語におけるテンス・アスペクトの重なりやずれについて考察を試みた。その際、韓国語のアスペクト体系と似ている西日本諸方言の「ショル」形・「シトル」形との類似点についても簡単に述べた。また、「シテイタ」形と韓国語のテンス・アスペクトとの対応関係についても考察した。その内容をまとめると、以下のようである。

①日本語のアスペクトは、二項対立型で「スル」形、「シテイル」形によって〈完成相〉と〈継続相〉に分けられるが、韓国語は基本的に三項対立型で「ha-nta」形、「ha-ko iss-ta」形、「hay iss-ta」形によって〈完成相〉、〈進行相〉、〈結果相〉の３つに分けられる。

②日本語では「スル」形と「シタ」形がアスペクト的に完成相を表すのに対し、韓国語の「ha-nta」形と「hayss-ta」形は完成相に限らず継続相の意味をも表し得る。日本語の場合、一般に動的述語の「スル」形は現在を表すことができないが、韓国語では、「ha-nta」形で発話時における「動作進行」を、「hayss-ta」形で「結果継続」を表現することが可能である。

③韓国語では、変化動詞の場合、動詞の自他により用いるアスペクト形式が異なるが、ある動詞が「進行相」を表すか、「結果相」を表すかは〈動詞の有する語彙的な意味〉に依存するところが大きい。特に、他動詞の場合、日本語と同様に１つの形式（「ha-ko iss-ta」形）で「動作進行」と「結果継続」を表すが、「結果継続」を表し得る他動詞はかなり制限されていることから、動詞の意味分類が重要な位置を示すと考えられる。

④日本語の「シテイル」形は、場面・文脈の支えがあっても位置変化を表す移動動詞（「行く、来る、帰る、戻る、着く」など）や、変化の終わりが曖昧な変化動詞（「（雪が）積もる、（灯りが）つく、（光が）消える、」など）の場合、「シテイル」形で「変化過程」を捉えることができないが、西日本諸方言では、「動作進行」と「結果継続」が「ショル」形と「シトル」形で区別されており、韓国語の「ha-ko iss-ta」形と同

様に進行相の「シヨル」形で〈変化過程〉を表すことができる。

⑤日本語では、「シテイル」形で「経験・記録」や「完了」を表すが、韓国語では現在と切り離された過去の出来事はもちろん、現在と深く関連付けられている過去の出来事(「経験・記録」、「完了」)も、文の肯否を問わず「hayss-ta」形でしか表現することができない

⑥日本語では、現在と切り離された過去の継続を表す場合「シテイタ」形が用いられるが、韓国語では現在形と同様に、その出来事が「動作進行」か、「結果継続」かによって用いられる形式が異なる。また、変化動詞の場合、現在形と同じく過去形においても基本的に動詞の自他により用いられるアスペクト形式が異なる。

⑦日本語において、アスペクト的意味を表す形式は1つ(「シテイル/シテイタ」形)であっても、用法によってテンス的側面の「ル/タ」の部分が果たす機能が異なる。「動作進行」と「結果継続」の場合は、観察時が存在し、そこに発話者の視点が置かれるが、それ以外の用法では、観察時ではなく、基準時だけが存在する。その基準時における出来事と発話時が結びつけられているのが「経験・記録」で、その基準時より前に起こった出来事を述べるのが「完了」である。

⑧韓国語において、大過去を表すとされる「hayss-ess-ta」形は基本的に出来事が起こった過去の一時点に発話者の視点を置いて事柄を述べる形式である。現在との断絶性が強く、発話時とは異なる状況を表す際に、多く用いられる。

　以上、本文で述べてきた日本語の「シテイル」形と「シテイタ」形の主な用法とそれに対応する韓国語のテンス・アスペクト形式を表にまとめると、次の通りである。

表3 用法別の韓国語のテンス・アスペクト形式

テンス・アスペクト形式	用法	対応する韓国語
シテイル	動作進行	・ha-nta ・ha-ko iss-ta
	結果継続	・hayss-ta ・hay iss-ta（※ ha-ko iss-ta）
	経験・記録	・hayss-ta
	完了	・hayss-ta
シテイタ	動作進行	・hayss-ta ・ha-ko iss-ess-ta
	結果継続	・hayss-ess-ta ・hay iss-ess-ta（※ ha-ko iss-ess-ta）
	完了	・hayss-ess-ta ・hay iss-ess-ta（※ ha-ko iss-ess-ta）

※：他動詞の一部の動詞のみに用いられる。

　この表3は、日本語の「シテイル」形・「シテイタ」形の主な用法を基準にし、それに対応可能な韓国語のテンス・アスペクト形式を示したものである。つまり、各用法に対応可能な形式同士が、同じ意味で自由に置き換えが可能であることを示しているわけではない。

　表には示さなかったが、日本語の場合、アスペクト的意味を表す形式は1つであっても、庵（2014b）の指摘通り、「動作進行」と「結果継続」の場合と、それ以外の場合では、テンスの「ル／タ」の部分が果たす機能が異なる点は注目すべきところである。一方、韓国語は、用法によって用いられる形式が異なり、形態上における違いからアスペクト的意味やテンス的側面が把握しやすいといった特徴を持つ。

　本稿では、日本語の文末に用いられる「シテイル」形・「シテイタ」形を中心に、韓国語との対応関係を述べたが、テンス・アスペクト形式に対して意味制約を与える要素についても考察が必要であると思われる。副詞成分との共起や主体の意志の有無、人称などのアスペクト的意味の決定に関わる要素については今後の課題とし、別の機会に論じたい。

注

1 韓国語の表記は「Yale 方式」ローマ字表記法に従うが、紙面の都合上該当する述語のみを表記する。

2 「ha-nta」形は、動詞語幹 {ha} に 終結語尾 {-nta} が下接した形である。「hayss-ta」形とは {-ess-} の有無によるテンスの対立を持ち、様々な終結語尾（日本語の用言終止形諸形式に相当する）を含む形式の総称である。

3 「hayss-ta」形は、動詞語幹に接続語尾 -e/a が膠着し、過去接辞 -ss が下接したものであり、中期朝鮮語の「-e iss-ta」が縮約し形成されたものとされる。この点で、「hayss-ta」形はもともと存在詞「iss-ta」を含んだものであり、日本語の過去形「シタ」形が歴史的には「シテアリ」→「シタリ」から形成されたものであることと類似性を持つと言える（安(2003)）。

4 本稿では、奥田(1977)、鈴木(1979)、工藤(1995)に従い、完成相・継続相という用語を形式上の対立を表すものとして考える。

5 安(2003)は、「現代日本語の「シテイル」を構成する「いる」と、現代韓国語の「ha-ko iss-ta」「hay iss-ta」を構成する「iss-ta」は、基本的に「存在(所有)」の意味を表す。つまり、日韓両言語はともに「存在型アスペクト形式(アスペクト形式に、存在(所有)の意味を表す動詞が補助動詞として用いられている)」を有する言語であると述べている。

6 継続相を表す非過去形の「ha-ko iss-ta」形は、主に発話時における「動作進行」を表すが、「結果継続」や「繰り返し(反復・習慣)」、なども表しうる（浜之上(1991)、白(2004)、高(2017)）。

7 自動詞の「結果継続」は、基本的に「hay iss-ta」形で表されるが、発話時に残っている結果が話者にとって予期せぬ出来事や発見性が強い場合（「人が死んでいる」、「カバンが開いている」など）、または結果性の強い一部の自動詞の場合（「太っている／痩せている」、「消えている／似ている」「結婚している／離婚している」など）は、日本語の「シタ」形に相当する「hayss-ta」形が用いられる。

8 南・高(2007:316)によると、「これらの動詞は進行相の形式で表されるが、2つの意味に解釈される。「～している最中」であることが言える場合は、「動作進行」を表すが、そうでない場合は「結果継続」を表す(引用者訳)」という。

9 油谷(1978)、浜之上(1992a)は、韓国語において文の表すアスペクト的意味は、基本的に動詞に内在する「アスペクト的資質(aspectual feature)」によって決まるとしている。

10 庵(2014b)は、「期間＋Φ」と共起でき、「期間＋で」と共起できなければ、非変化動詞。「期間＋Φ」と共起できず、「期間＋で」と共起できれば、変化動詞と捉えている。

11 愛媛や熊本、福岡、徳島、広島、岡山、宇和島などの西日本方言。地域のよって、「シヨル」は「ショール」、「シウォル」などの形式になり、「シトル」は「シチョル」になる方言もあるが、本稿では「シヨル」形と「シトル」形を代表形式として取

り上げる。

12 高(2017)は、徳島方言と韓国語のアスペクト体系について日本語の共通語と比較しながら、その重なりやずれについて論じている。本稿に関わる内容のみを簡単に述べると、徳島方言の「ショル」形と韓国語の「ha-ko iss-ta」形は、日本語の共通語と違って変化動詞の場合でも場面・文脈の支えなしに「変化過程」を表し得る点で類似している。一方、韓国語と日本語の共通語の場合、動作動詞のアスペクト形式では〈結果継続〉が表せないが、徳島方言は動詞の語彙的な制限なしに「シトル」形で〈結果継続〉だけでなく、〈パーフェクト〉をも表すことが可能である。

13 井上(2001:154)は、「過去の出来事を述べるのに「シタ」「シテイル」という2つの言語的手段があるのは、過去の出来事のとらえ方に(ⅰ)過去の出来事を、発話時において有効なある統括主題(複数の類似の出来事の背後にある1つの状態)に従属する一事例としてとらえる(経験・記録用法の「シテイル」)枠と、(ⅱ)実現の経過が把握できている過去の出来事を、特定の統括主題に従属しない独立の出来事としてとらえる(「シタ」)枠があることの反映である」と述べている。

14 工藤(1995:90)は、通時的な観点から「シテイル形式のみならずシタ形式が、「シタリ」に連続する歴史的残存物としての〈現在パーフェクト(パーフェクト相現在)〉用法を保持している」と述べている。

15 -ess- は、過去を表す形態素である。崔(1937:450)は、-ess-ess- を2つに分けて、「-ess1-」は過去を表すもの、「-ess2-」は完結を表すものとし、-ess-ess- は「過去完了」と捉えている。

参考文献

安平鎬(2003)「静止動作を表す「シテイル」と「hako issta」「hay issta」をめぐって」『日本学報』57, 153–164, 韓国日本学会

庵功雄(2001)「テイル形、テイタ形の意味の捉え方に関する一試案」『一橋大学留学生センター紀要』4, 75–94

庵功雄(2014a)「現代日本語のテンス・アスペクト体系の形態・統語論的位置づけに関する一考察」第134回関東日本語談話会発表要旨

庵功雄(2014b)「テイル形、テイタ形の意味・用法の形態・統語論的記述の試み」第15回日本語文法学会パネルセッション予稿集

伊藤英人(1990)「現代朝鮮語動詞の過去テンス形式の用法について(1)―hayssta 形について」『朝鮮学報』137, 1–53, 朝鮮学会

井上優(2001a)「現代日本語の「タ」―主文末の「…タ」の意味について」つくば言語文化フォーラム(編)『「た」の言語学』97–163, ひつじ書房

井上優(2001b)「中国語・韓国語との比較から見た日本語のテンス・アスペクト」『月

刊言語』12 月号, 26–31, 大修館書店

井上優(2011)「動的述語のシタの二義性について」『国立国語研究所論集』1, 21–34, 国立国語研究所

井上優・生越直樹・木村英樹(2002)「テンス・アスペクトの比較対照―日本語・朝鮮語・中国語」『対照言語学』125–159, 東京大学出版会

奥田靖雄(1977)「アスペクトの研究をめぐって(上)」『教育国語』53, 33–44, むぎ書房

生越直樹(1995)「朝鮮語 hayss-ta 形、hay iss-ta 形(hako issta 形)と日本語シタ形、シテイル形」『研究報告集』16, 185–206, 国立国語研究所

生越直樹(1997)「朝鮮語と日本語の過去形の使い方について―結果継続形との関連を中心にして」国立国語研究所(編)『日本語と外国語の対照研究 IV 日本語と朝鮮語下巻：研究論文編』139–152, くろしお出版

工藤真由美(1995)『アスペクト・テンス体系とテクスト』ひつじ書房

工藤真由美(1999)「西日本諸方言におけるアスペクト対立の動態」『阪大日本語研究』11, 1–17, 大阪大学

工藤真由美(2004)『日本語のアスペクト・テンス・ムード体系―標準語研究を超えて―』ひつじ書房

高恩淑(2015a)「日本語と韓国語の「否定の応答文」における述語形式のずれ」『日本学報』102, 1–12, 韓国日本学会

高恩淑(2015b)「第 12 章：対照言語学的知見から見た文法シラバス―韓国語との比較対照を通じて―」山内博之・庵功雄(編)『文法シラバスの作成を科学にする』233–256, くろしお出版

高恩淑(2017)「日本語と韓国語のアスペクト体系に関する一考察―徳島方言との対応関係を中心に―」『日本語文法』17(2), 130–145, 日本語文法学会

佐々木冠・渋谷勝己・工藤真由美・井上優・日高水穂(2006)『シリーズ方言学 2 方言の文法』岩波書店

鈴木重幸(1979)「現代日本語の動詞のテンス―終止的な述語につかわれた完成相の叙述法断定のばあい」言語学研究会(編)『言語の研究』5–59, むぎ書房

浜之上幸(1991)「現代朝鮮語動詞のアスペクト的クラス」『朝鮮学報』139, 1–93, 朝鮮学会

浜之上幸(1992)「現代朝鮮語の「結果相」＝状態パーフェクト」『朝鮮学報』142, 41–108, 朝鮮学会

白峰子著・大井秀明訳・野間秀樹監修(2004)『韓国語文法辞典』三修社

油谷幸利(1978)「現代韓國語의 動詞分類―aspect 를 中心으로―」『朝鮮学報』87, 1–35,

朝鮮学会

남기심・고영근(2007)『표준국어문법론』개정판, 탑출판사

〔南基心・高永根(2007)『標準国語文法論』改訂版、塔出版社 : 筆者訳〕

최현배(1937)『우리말본』정음사

〔崔鉉培(1937)『Wulimalpon』正音社 : 筆者訳〕

テンス・アスペクトの教育[1]

庵 功雄

1. はじめに

　テンスやアスペクトといった時間に関する表現は何語においても非母語話者にとって難しい分野であるが、日本語もその例外ではない。高梨（2014）や高梨ほか（2017）においても、上級以上の日本語学習者に多い誤用として、テンス・アスペクトが挙げられている。

　本稿では、アスペクト形式[2]として、テイル形、テイタ形[3]を取り上げ、その適切な産出に必要な文法記述について考える。また、これらとの関連でタ形についても触れる。また、6節では、日本語と英語の比較を試みる。

2. 産出のための文法

　本稿では、筆者の立場からした日本語教育文法の観点から議論を進めていく（日本語教育文法の成立に関しては庵（2011a）を、日本語教育文法に関する様々な考え方については小林（2013）をそれぞれ参照されたい）が、筆者は、日本語教育文法は、一義的には産出のための文法を目指すべきであると考えている[4]。以下、この点について簡単に説明する。

2.1　理解レベルと産出レベル

　最初に考えるのは、理解レベルと産出レベルの違いである。

　言語を構成する基本的な要素である、音声・音韻、語彙、文法（形態およ

び統語）において、語彙と文法には、意味がわかればよい理解レベルと、意味がわかった上で使える必要がある産出レベルの違いがある。

例えば、「事由」と「理由」を比べてみると、意味はともに「理由」だが、「事由」は主に法律や行政に関する分野で用いられる[5]。したがって、「事由」は法律や行政に関わらない職業の日本語母語話者にとっては使う必要がない語である。ただし、日本語の語彙なので、意味を知っている必要はあるため、理解レベルである。一方、「理由」は明らかに産出レベルである。

同様の違いは、文法においても見られる。

例えば、(1)の「べく」は日本語母語話者においても必ずしも産出レベルではなく、普通は「ために」が使われると思われる。

（１）あらゆることを犠牲にして、小林多喜二の身を守るべく尽す。伊藤ふじ子は二十二歳になって間もない。その若い人生で、すでに裏切られ傷つきながら「前衛」を信じてついてきた娘は、はじめて悔いることも惧れることもない相手に出会い、選ばれた人間の喜びこそ感じても、ためらいや不安はなかったと思われる。

（澤地久枝「昭和史のおんな」LBa3_00032）

このように、母語話者においても、理解レベルと産出レベルの違いがあるが、こうした違いは非母語話者にとってはより顕著であり、かつ、両者を区別することは教育上重要である[6]。

2.2　母語話者にとっての文法と非母語話者にとっての文法

日本語教育文法について考える上で重要な論点の１つに、母語話者にとっての文法と非母語話者にとっての文法の違いがある（白川 2002a, 2002b, 庵 2002, 2013, 2017）。

母語話者は次の２つの特徴からなる文法能力（grammatical competence）を持っている[7]。

（2）a. 母語話者は、任意の母語の文の文法性判断ができる。

b. 母語話者は、モニター可能な環境では、文法的な文のみを産出する。

このように、母語話者は文法を「知っている」ので、母語話者にとっての文法は「謎解き」としての意味しか持たない（白川 2002a）[8]。すなわち、次の言明のうち、母語話者にとって意味があるのは(3c)だけである。

（3）a. ○○とは言いますね。

b. ××とは言いませんね。

c. それはなぜかと言うと、△△だからです。

こうした母語話者にとっての文法では、体系性や網羅性が求められる。言い換えると、「(規則のカバー率)100％を目指す文法」である。

これに対して、非母語話者のための文法においては、(3a)と(3b)を前提にすることはできない（これらを前提にできるのなら、少なくともその項目については文法教育は不要である）。したがって、次のようになる。

（4） 母語話者にとっての文法記述は、そのままの形では、非母語話者にとっての文法記述としては使えない。

これは、「日本語学の記述が進めば、それが結果として、日本語教育の役に立つ」という日本語学の研究者が持っている考えが妥当ではないこと、日本語教育の役に立つことを目指すのなら、日本語教育における問題点を踏まえて研究を行わなければならないことを示している。

2.3　100％を目指さない文法

母語話者にとっての文法では，体系性や網羅性が重視される。こうした目的を達成するためには、次の方策がとられることが多い。

（5）a. 規則の数を増やす

b. 規則を抽象化する

（5a）は、法律と同じように、例外ができたらそれを防ぐ形で規則を作ることによって、網羅性を保証しようとするものである。

（5b）は、認知言語学で言う「スキーマ」に当たるものを設定することによって、あらゆる用法を統一的に説明しようとするものであり、類義語の説明などの理解レベルに関しては有効である。

しかし、（5a）のように規則の数を増やすと、学習者がオンラインで使いこなすことが困難になるだけでなく、類義語の使い分けのような場合には、規則が相互に矛盾する場合なども生じかねない。

一方、（5b）の場合、こうした抽象化は産出にとって必ずしも有効とは言えない。例えば、英語の冠詞の「意味」は次のようにまとめられる。

（6）a. 聞き手が対象を特定できない（と思う）名詞には不定冠詞をつける

b. 聞き手が対象を特定できる（と思う）名詞には定冠詞をつける

英語の冠詞に関する「規則」はこれだけだが、非母語話者にとって難しいのは「（聞き手が）対象が特定できる／できない」というのがどのような場合なのかということであり、この点の記述がないと適切に使えない[9]。

このように考えてくると、母語話者にとっての文法では妥当である（5a）（5b）は非母語話者のための文法においては妥当ではなく、非母語話者のための文法における規則は次のように改める必要があることがわかる。

（7）a. 規則の数を減らす

b. 規則を具体的にする

さらに、（5）が「（規則のカバー率）100％を目指す文法」におけるものであり、非母語話者にとっての文法ではそれが否定される以上、非母語話者に

とっての文法（＝産出のための文法）では、「（規則のカバー率）100％を目指さない文法」が必要になると言える[10]。

3. テンス・アスペクトの体系

本節では、テンス・アスペクト体系とそれに関連する概念について述べる。

これに関しては、まず現在日本語学で最も標準的と見なされている工藤（1995）を紹介し、日本語教育の観点からそれを批判的に検討していく。

3.1 工藤（1995）の体系

まず、現在、日本語学で標準的なものと見なされている工藤（1995）の体系を掲げる。

表1　日本語のテンス・アスペクト体系（工藤 1995、庵 2012）

		アスペクト	
		完成相（perfective）	未完成相（imperfective）
テンス	非過去	ル形($-\phi$[11]$-(r)u$)	テイル形(-tei-ru)
	過去	タ形($-\phi$-ta)	テイタ形(-tei-ta)

以下、表1に関する論点を整理する。

3.2 テイル形の用法

まず考える必要があるのはテイル形の用法である。これに関しては、基本用法と派生用法に分けて考える必要がある。基本用法は用法の違いに動詞の意味タイプが関与するものであり、派生用法はそれが関与しない場合である。

（8）a. 基本用法：進行中、結果残存
　　　b. 派生用法：繰り返し、経験・記録（パーフェクト[12]）、完了、反事実、形容詞的用法

3.3 動詞のタイプとテイル形の意味

動詞のタイプとテイル形の意味に関しては、本稿では、金田一(1950)を批判した奥田(1978)の分類を継承し、次のような分類を採用する(用語は奥田(1978)のものを筆者が改めたものである(庵2017))。

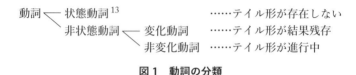

図1　動詞の分類

「変化動詞」と「非変化動詞」は次のようにして区別する。

(9) a.「期間を表す語+ϕ」が言えず、「期間を表す語+で」が言える
　　　→変化動詞
　　b.「期間を表す語+ϕ」が言えて、「期間を表す語+で」が言えない
　　　→非変化動詞

例えば、「溶ける」は(10)の分布になるので、変化動詞である。

(10)　アイスクリームは{＊10分ϕ／○10分で}溶けた。

一方、「走る」は(11)の分布になるので、非変化動詞である。

(11)　太郎は{a.○1時間ϕ／b.？1時間で}走った。

なお、(11b)は使えるように思われるかもしれないが、それは、(12)のような文脈を読み込んで解釈しているためと考えられる。(12)のように全体量が決まっている場合は、変化動詞の場合と同じく「限界性」が生じるため、変化動詞の場合と同様の分布になるのである。

(12)　太郎は 10 キロを {a. ＊ 1 時間 φ ／ b. ○ 1 時間で} 走った。

3.4　用法による難易度の異なり

　表 1 では、テイル形とテイタ形はそれぞれ、「テイ＋ル」「テイ＋タ」と捉えられているだけで、そこに難易度の差は考慮されていない。

　しかし、崔（2009）、稲垣（2013, 2015）、西坂（2016）、冉（2017, 2019）などを通して、これらの間には、学習者にとっての難易度の差が見られることが明らかになってきた（ただし、これらの論考における考察対象は全て中国語話者である）。具体的には、次のようである（(13a) → (13d) の順に難易度が高くなる）[14]。

(13) a.　進行中・現在

　　 b.　進行中・過去

　　 c.　結果残存・現在

　　 d.　結果残存・過去

4.　基本用法における産出上のポイント

　本節では(13)を念頭に置きつつ、基本用法（進行中と結果残存）における産出上のポイントを考える。

4.1　テイル形とテイタ形：観察時を捉えることの難しさ

　(13)において、上記の先行研究全てで、(13a)と(13b)および(13c)と(13d)の間に難易度の差があることが明らかになっている。つまり、同じ用法であっても、テイタ形の方が産出上難しいということである。

　その理由は、観察時の違いにあると考えられる。

　表 1 の工藤（1995）の体系ではテイル形、テイタ形における「ル」「タ」の部分はテンスを表すだけであるが、実際は、テイル形の用法の違いによって、「観察時[15]」と「基準時」を表す（Iori2014、庵（2020 予定 b）、庵・清水

2016)。このうち、基本用法の場合の「ル／タ」は「観察時」を表す。
　したがって、(14a)と(14b)の違いは「雨が降る」という事態を見たのが「発話時」か(14a)、「会社を出るとき」(14b)かの違いである(図2)。

(14) a.　あっ、雨が降っている。
　　 b.　会社を出るとき、雨が降っていた。

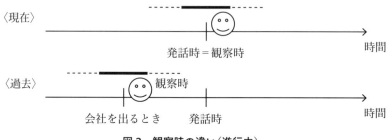

図2　観察時の違い(進行中)

　言い換えると、テイル形とテイタ形の違いは、観察時を「平行移動」しただけのものであるということである[16]。
　結果残存の場合も、テイル形とテイタ形の関係は進行中の場合と同じく、「平行移動」である(進行中と結果残存の図形の違いについては次に述べる)。

(15) a.　あっ、コップが割れている。
　　 b.　昨日この部屋に入ったとき、コップが割れていた。

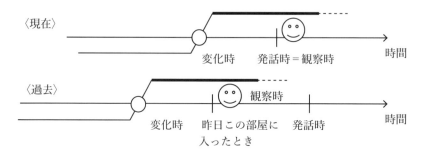

図3　観察時の違い(結果残存)

このように、同じ用法の場合、観察時が発話時と一致しているものの方がそうでないものより難易度が高いということになる。

4.2 結果残存をめぐる諸問題

次に、用法の違いによる難易度の違いについて考える。

4.2.1 進行中と結果残存の一般的な違い

図4は進行中と結果残存の違いを図示したものである。

両者の共通点は、4.1で見たように、観察時を持つ点だが、相違点は、結果残存には「変化時」があるのに対し、進行中にはそれがないということである。これは、結果残存になるのが変化動詞の場合に限られることによる。

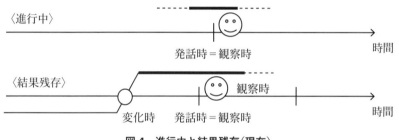

図4 進行中と結果残存（現在）

4.2.2 タ形による誤用

次のように、結果残存のテイル形をタ形で表す誤用が中国語話者に多いことが指摘されている（張2001、庵2010、2017、稲垣2013）。

(16) #（部屋に入った瞬間の発話）グラスが割れた。
(17)　玻璃破了。

こうした誤用が生じる理由としては、中国語の「了」の（負の）転移が考えられる。すなわち、(16)のような場合、中国語の論理では、(17)のように、変化が生じたということを言語的に表現し、その後は、その変化の結果の状

態が継続していることを語用論的に推測させるという方策が採られていると考えられる。つまり、図4の結果残存で、中国語は「変化時」のみを言語化して、太線の部分を推測させるということである。

これに対し、日本語で(16)が言えるのは、ア)変化の時点を見たか、あるいは、イ)変化が起こる前を知っている場合に限られる。

ア)は、話者の眼前でグラスが割れた場合である。一方、イ)は、この例では想定しにくいが、次のような例だと考えやすい。

(18)(太郎の部屋を見たときの発話)
    a. きれいに片付いた<u>た</u>な。
    b. きれいに片付い<u>ている</u>な。

(18a)を発することができるのは発話時以前に太郎の部屋を訪れたことがある人に限られるのに対し、(18b)を発することができるのはこのとき初めて太郎の部屋を訪れた人に限られる。つまり、太郎の部屋を発話時以前に訪れた人は、以前のその部屋の状態(=片付いていない)と発話時における状態を比較した上で、発話時の状態を片付いた状態と表現しているのである。

このように、イ)の場合も考えることはできるが、通常は、(状態)変化動詞のタ形が使えるのは変化を見たとき(=ア)に限られる。そして、変化時を見ていないときは、観察時における状態として述べる必要があるため、テイル形(観察時が過去ならテイタ形)を使わなければならないのである[17]。

結論として、中国語話者が(16)のような誤用を犯しやすいのは、事態の「変化」が生じた際に、「変化」をマークするか(中国語)、変化の後の「状態」をマークするか(日本語)の違いのためと考えられる[18]。

4.2.3 「いる、ある」による誤用

陳(2009)は、結果残存の誤用には上記のタ形によるもの以外に、「いる、ある」を用いたものがあることを指摘している。

(19) （路上で財布を発見したとき）#あっ、財布が<u>ある</u>！　　　（陳 2009）

(20) （帰宅したときに玄関に見知らぬ靴があるのを見て母親に尋ねる）

　　#お客さん、<u>いる</u>の？　　　　　　　　（陳 2009 の例を微修正）[19]

　こうした例について、庵(2017)では次のような仮説を提示した[20]。

(21) 日本語では、「(場所)に (もの)がある／(人)がいる」で言える場合は少なく、多くの場合、「Ｖ てある／Ｖ ている」の形をとらなければならない。特に、「もの」が主語で「〜の上／下 (などの相対的位置関係を表す名詞)＋に」ではなく、「〜に」だけをともなう場合は「Ｖ てある」の使用が義務的である。

　このことから、例えば、次のような文が文法性の違いが説明できる。

(22) 机の<u>上</u>にみかんが {○ある／○置いてある}[21]。

(23) 壁にポスターが {＊ある／○貼ってある}。

(24) 天井に虫が {？いる／○止まっている}。

　ここで、これらに対応する英語や中国語の文では日本語の Ｖ に当たる動詞が不要であることに注意されたい。

(22') There is an orange/are some oranges <u>on</u> the table.

(23') There is a picture/are pictures <u>on</u> the wall.

(24') There is an insect/are some insects <u>on</u> the ceil.

(22") 在桌子<u>上</u>有一个橘子。

(23") 在墙<u>上</u>有一幅画。

(24") 在天花板<u>上</u>有一个昆虫。

　(21)が正しいとすると、(19)は本来言えていいはずだが、(21)の制限が

あるために、(19')のように言わなければならないのだということになる。

(19) （路上で財布を発見したとき)# あっ、財布がある！　　　　（陳 2009）

(19') あっ、財布が落ちている。

　なお、(19')で「てある」ではなく「ている」が使われるのは、益岡(1987)の言う「存在型」の「てある」に前接するのは他動詞に限られるためである。

　一方、(20)の場合は場所は必須ではないが、(19)と同じく、「本来「いる」で言えていいはずだが、動詞を伴う必要がある」という制約に従っていると考えられる(この点について詳しくは佐藤 2017 参照)。

　つまり、(19)(20)のような誤用の背景には、日本語の存在を表す「いる、ある」(特に「ある」)が単独で使える場合がかなり限られていることがあると考えられるのである[22]。

4.2.4　移動動詞(位置変化動詞)の場合

　日本語(現代共通語)の結果残存を考える上で注意すべき点に移動動詞(位置変化動詞)の場合がある。

(25)　太郎は今、大阪に行っている。

(26)　花子はホテルに着いている。

(25')　太郎は大阪に行った。＋(太郎は)今、大阪にいる。

(26')　花子はホテルに着いた。＋(花子は)ホテルにいる。

(27) a.　Taro is going to Osaka.

　　 b.　Taro is flying to Osaka.

　例えば、太郎が東京在住である場合、(25)は太郎が新幹線や飛行機で移動中という状況では使えない。すなわち、日本語では、(25)(26)は(25')(26')と解釈される。

　これに対し、英語では(25)の直訳が(27a)(27b)のようになるため、英語

テンス・アスペクトの教育　199

母語話者は(25)を「移動中」と(誤)解釈することが多いので注意が必要である。なお、移動動詞に関しては、英語と同様の解釈となる言語が多いようであり、その点からも注意が必要である。

4.3　タ形とテイタ形

次に取り上げるのは、タ形とテイタ形の混同による誤用である。

4.3.1　誤用のタイプ

はじめに、問題となる誤用の例を挙げるが、こうした誤用は、博士論文執筆者レベルの超級学習者にもよく見られるものである(cf. 高梨ほか 2017)。

(28)　寺山修司(1972)は随筆集『家出のすすめ』の「お母さんの死体の始末」
　　　一章で「つよい青年になるためには母親から精神の離乳なしでは、ほ
　　　かのどのような連帯も得られることはないでしょう(p.15)」と強く訴
　　　えていた。　　　　　　　　　　　　　　　　　　　　　(庵 2017)

(29)　[姫路の塩田温泉行きの紀行文。書写山にのぼった後]
　　　「歩いておりましょうか」と于栄勝が提案した。「よし、その方がい
　　　い」とまず私が手をあげて賛成した。(中略)「どれぐらいの時間がか
　　　かるか」ときくと、四十分ぐらいという。曲がりくねった道にそっ
　　　て、面白い話をしながらおりてきた。ふもとにもどって時計を見る
　　　と、二十分しか(a)かからなかった。実は走っておりたのだった。
　　　その夜、山ノ上旅館で(b)泊っていた。翌日の朝、早く起きて、山
　　　にのぼった。　　　　　　　　　　　　　　　　　　(寺村 1984)

(28)(29)はともに上級(超級)の中国語話者の誤用例である。このうち、(28)と(29b)がここでの考察対象となるが((29a)は後述する「完了」に関する誤用である)、両者における誤用の理由は異なる。

4.3.2 テイタ形に関する誤用

(28)の場合は、テイタ形を使うと、観察時の存在が含意されることによる誤用である。つまり、基本用法でテイタ形が使えるのは、話者／筆者がある事態を実際に「見た」ときに限られ、そうではない単なる過去の事実を表すにはタ形を使わなければならないのである。

このことは、次の対比からもわかる。

(30) a. 3年前のその日、地震で家が激しく {？揺れていた／○揺れた}。

　　 b. 3年前のその日、私が家の前に着いたとき、地震で家が激しく
　　　　 {○揺れていた／○揺れた}。　　　　　　　(a,bとも庵2018より)

ここで、(30b)ではテイタ形が使えるのは、波線部の存在により、テイタ形が観察可能な事態となったためである。一方、(30a)のタ形は事実として述べる形であるため使える。

なお、(30b)ではテイタ形もタ形も使えるが、テイタ形だと、家に着く前から揺れが始まっていたことを表すのに対し、タ形の場合は、家に着いたときに揺れが始まったことを表すという違いがある。

4.3.3 タクシスに関する問題

次に、(31)(=(29b))を検討する。

(31)？その夜、山ノ上旅館で泊っていた。翌日の朝、早く起きて、山にのぼった。　　　　　　　　　　　　　　　　　　　(=(29b))

寺村(1984: 145)が指摘しているように、(31)を(32)のように変えると、テイタ形が許容されるようになる(原文は漢字カタカナ書き)。

(32) 山ノ上旅館に泊まっていた。夜中に地震があって、皆とび起きた。

これは、工藤(1995)の言うタクシスに関する現象であると考えられる。
　工藤(1995)は次の例を挙げて、(33)における時間関係が(34)のようになることを指摘している。

(33)　かれは、追われるように崖に近い岩陰に①とび込んだ。その狭い空間には、多くの兵と住民たちが身を②かがめていた。
　　　兵の一人が、子供を抱いた女に銃を③つきつけていた。
「いいか、子供が泣いたら殺すぞ。敵に気づかれれば、火炎放射器で全員がやられるんだ」
　　　女は、機械的に④うなずきつづけていた。
そのうちに、ふと笑うような泣きむせぶような低い声が、背後で⑤きこえた。振り向くと、銃を突きつけられた女が、顔を仰向かせ、唇を⑥ふるわせている。女のかたくにぎりしめられた両掌の間には、ながい舌を突き出した嬰児の首が⑦しめつけられていた。
(吉村昭「殉国」工藤(1995:64))

(34)

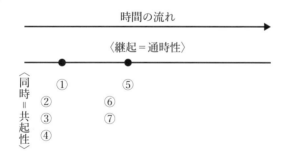

(工藤(1995:65))

つまり、タ形(ル形)は出来事を進める(「継起＝通時性」)を持つのに対し、テイタ形(テイル形)はタ形で定められた時点における状態(「同時＝共起性」)を表す[23]。これが工藤(1995)の言うタクシス的関係であり、基本的にHopper(1979)の言うgroundingの関係に相当する。
　この関係を図示すると、次のようになる。

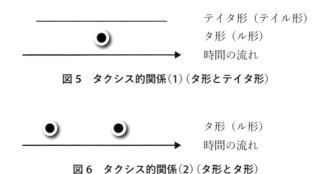

図5　タクシス的関係(1)（タ形とテイタ形）

図6　タクシス的関係(2)（タ形とタ形）

　つまり、テキストにおいてタ形(完成相)とテイタ形(未完成相)が存在する場合は、テイタ形で表される時間内にタ形で表される出来事が起こったという関係性になることが必要である。一方、タ形が2つ存在する場合は、それらのタ形で表される出来事は継起的に起こったものである必要がある。
　以上を踏まえて(31)(32)を考えてみると、次のことがわかる。

(31)？その夜、山ノ上旅館で泊っていた。翌日の朝、早く起きて、山にのぼった。　　　　　　　　　　　　　　　　　　　　　　　　（＝(29b)）
(32)　山ノ上旅館に泊っていた。夜中に地震があって、皆とび起きた。

　(31)では、テイタ形とタ形で表される出来事の関係性が図7のようになってしまうため、時間関係が不整合になり、非結束的な(incohesive)テキストになると考えられる。

図7　タクシス的関係((31)の場合)

　一方、(32)では、時間的関係が図8のように解釈できるため、結束的な(cohesive)テキストとして解釈できるのである[24]。

図 8　タクシス的関係（(32)の場合）

4.4　思考動詞の場合[25]

基本用法でもう 1 つ注意が必要なのが思考動詞の場合である。

4.4.1　人称の問題

よく知られているように、「と思う」の主語は 1 人称に限られる。

(35)　日本の冬は寒いと思う。
(36)　（私は）[日本の冬は寒い] と思う。
(37)　＊太郎は [日本の冬は寒い] と思う。

つまり、(35)の解釈は(36)のようになる。したがって、(37)は日本語では非文になる。しかし、(37)に対応する英語や中国語の文は文法的であるため、注意が必要である。

(38)○Taro thinks that winter in Japan is cold.
(39)○太郎觉得日本的冬天很冷。

一方、(37)で学習者が表現しようとしている意味を表すには(40)のように「と思っている」を用いる必要がある（(40)の解釈は(41)である）。

(40)　太郎は日本の冬は寒いと思っている。
(41)　太郎は [日本の冬は寒い] と思っている。

なお、(42)は(43)の解釈で文法的であるため、1人称が主語の場合は「と思う」と「と思っている」の双方が可能である場合が存在する。

(42) 日本の冬は寒い<u>と思っている</u>。
(43) （私は）[日本の冬は寒い]<u>と思っている</u>。
(44) （私は）[日本の冬は寒い]<u>と思う</u>。　　　　　　　　　　(=(36))

こうした場合、「と思う」はその場での判断を表し、「と思っている」はある程度持続する判断を表す傾向がある[26]。そのため、(45)のように、その場での判断を聞かれている場合には「と思う」の方が使いやすいのに対し、(46)のように、判断に至るまでに一定の時間が必要と考えられるものの場合は「と思っている」の方が使いやすくなる（(46B2)のように「前から」が加わると、「と思う」が使えなくなる）[27]。

(45)Ａ：明日の天気はどうかな？
　　Ｂ：明日は晴れる｛○と思う／？と思っている｝よ。
(46)Ａ：この結論は正しいかな？
　　Ｂ1：僕は君の理論は正しい｛(?)と思う／○と思っている｝よ。
　　Ｂ2：僕は<u>前から</u>君の理論は正しい｛*と思う／○と思っている｝よ。

4.4.2　論文におけるモダリティとして

思考動詞のアスペクトがもう1つ問題になるのは、論文におけるモダリティ形式としての点である。

庵(2017:§7)で指摘したように、論文のモダリティ形式としては、「と思われる」型と「と思われている」型が最も多く用いられる。

(47) a.　と思われる、と考える、と考えている、と考えられる、と見られる
　　 b.　と思われている、と考えられている、と見られている

テンス・アスペクトの教育　205

　このうち、(47a)のような「-(ら)れている」を含まないものは筆者の意見を表すのに対し、(47b)のような「-られている」を含むものは一般的な意見を表す。このことから(48a)と(48b)の分布の異なりが説明できる。

(48) a. ＊この実験は成功した {と思われる／と考える／と考えている／と考えられる／と見られる} が、私はそう思わない。
　　 b. ○この実験は成功した {と思われている／と考えられている／と見られている} が、私はそう思わない。

　このように、(47a)は筆者の意見を述べる部分で用いられるのに対し、(47b)は筆者の意見の根拠を述べる部分で用いられる。

5.　派生用法における産出上のポイント

　派生用法には、繰り返し、経験・記録(パーフェクト)、完了、反事実、形容詞的用法がある(庵・清水 2016)。本節では、それぞれの用法について、産出上のポイントを記述する。

5.1　繰り返し

　繰り返しに関してはル形とテイル形の使い分けが問題となる。

(49) a.　太郎は毎朝6時に起きる。
　　 b.　太郎は毎朝6時に起きている。

　両者の違いは、テイル形の方が一時性が強いという点にあり、そのため、「このごろ／半年前から／この1ヶ月」のような期間を限定する表現が共起すると、(50a)のようなル形は使いにくくなる。

(50) a. ？太郎は {このごろ／半年前から／この1ヶ月} 毎朝6時に起きる。

206　庵 功雄

　　b.○ 太郎は｛このごろ／半年前から／この 1 ヶ月｝毎朝 6 時に起きて
　　　　いる。

5.2　経験・記録（パーフェクト）

　本小節と次小節の内容に関しては、工藤（1995）の「パーフェクト」とい
う用語の（批判的）検討が必要である。

5.2.1　「パーフェクト」という用語をめぐって

　工藤（1995: 99）は「パーフェクト」を次のように規定している。

(51)　〈パーフェクト〉の規定に当たって、次の 3 点は、平等に強調されな
　　　ければならないであろう。
　　　①発話時点、出来事時点とは異なる〈設定時点〉が常にあること。（以
　　　下、それぞれに対して ST、ET、RT をいう略称を使うことがある。）
　　　②設定時点にたいして出来事時点が先行するということが表されてい
　　　て、テンス的要素としての〈先行性〉を含んでいること。
　　　③しかし、単なる〈先行性〉ではなく、先行して起った運動が設定時
　　　点とのむすびつき＝関連性をもっているととらえられていること。つ
　　　まり、運動自体の〈完成性〉とともに、その運動が実現した後の〈効
　　　力〉も複合的に捉えるというアスペクト的要素を持っていること。

　このうち、①と②については筆者も異論はない。しかし、③は問題であ
る。確かに、(52)のようなテイル形は③の規定を満たすと言えよう[28]。

(52)　その本なら、一度読んでるよ。　　　　　　　　　　（工藤 1995: 38）

　しかし、次のような場合はどうか。

(53)　1945 年 7 月末から 8 月初めにかけて日本政府がポツダム宣言の受諾

について議論していたとき、ソ連の参戦は同年 2 月のヤルタ会談で決まっていた。

　この場合、歴史的事実から考えても、「日本政府」は「ソ連の参戦」を知らなかったのであり、「設定時点」においてその〈効力〉が存在するという議論には無理がある。

　こうした問題は、工藤（1995）が「経験・記録」と「完了」を「パーフェクト」という形で融合させたことから生じていると考えられる。確かに、(52) のような「経験・記録」の場合は (51) の①〜③を満たす。それは、そもそも「経験・記録」というものが過去の出来事を発話時に結びつける機能を持っているからである（井上 2001: 111ff.）[29]。

　また、「経験・記録」用法では、テイル形をタ形に置き換えても文の真理値が変わらない（ことが多い）[30]。

(54) a.　夏目漱石は 1867 年に生まれている。
　　 b.　夏目漱石は 1867 年に生まれた。

　一方、「完了」の場合はテイル形／テイタ形をタ形に置き換えると文の真理値が変わる（「同年 2 月のヤルタ会談で」がなければ文法的だが、この部分があると非文法的になるため、(53) とは文の真理値が異なる）。

(55)　1945 年 7 月末から 8 月初めにかけて日本政府がポツダム宣言の受諾について議論していたとき、ソ連の参戦が（＊同年 2 月のヤルタ会談で）決まった。（cf. (53)）

　以上のことから、本稿では「パーフェクト」という語は用いず、「経験・記録」と「完了」という語を用いる。そうすると、工藤（1995）の言う意味で「現在パーフェクト」の他に「過去パーフェクト」「未来パーフェクト」が考えられるのは「完了」だけである。

5.2.2 3つの用法

経験・記録には次の3つの用法がある（庵・清水 2016）。

（56）a. 間接的な情報であることを示す場合

    b. 歴史的な事実を表す場合

    c. 発話時までの効力持続を表す場合

まず、（56a)は次のような場合である。

（57）〈事件の聞き込みをした刑事が上司に報告する〉

    犯人は3日前その店で食事を {しています／#していました}[31]。

（58）〈(57)の証言を刑事にした店員〉

    この人は3日前この店で食事を {?しています／していました}。

直接経験を持つ店員は「観察時」を持つテイタ形を使わなければならず、間接経験である刑事はテイタ形を使えない。逆に、間接経験（伝聞）であることを明示すると、テイル形は使いにくくなる。

（59）〈事件の聞き込みをした刑事が上司に報告する〉

    犯人は3日前その店で食事を {?している／していた} そうです。

次に、（56b)は次のような場合である。

（60）富士山は1707年に大噴火を {している／した}。

（61）田中(2000)は次のように {述べている／(?)述べた}。

（62）私は1967年に {?生まれている／生まれた}。

この場合、（60）のような歴史的事実の場合はテイル形とタ形は交代可能だが、（61）のように論文などを引用する場合にはタ形は使いにくい。なお、

(62)のように1人称が主語の場合はテイル形は使いにくい。

最後に、(56c)は次のような場合である。

(63) この橋は20年前に一度壊れている。だから、{渡るのがこわい／？渡れない}。

(64) 彼はアメリカの高校を卒業している。だから、英語が上手だ。

この用法は、後文の内容（「渡るのがこわい／英語が上手だ」）を述べる根拠として、過去の出来事を持ち出し、それと関連づけて述べるためのものと考えられる。

5.3　完了[32]

これは、テイル形／テイタ形の中の「ル／タ」の部分が表す基準時以前に起こった出来事を表す用法である[33]。

(65) 映画館に着いたときには、映画は始まっていた。　　　（過去完了）

(66) 映画館に着いたときには、映画は始まっているだろう。（未来完了）

(67) 　日本はマグロなど他の水産資源と同様に科学的なデータに基づいて食料として持続的に利用できるよう訴え、今年9月のIWC総会では資源量が豊富なクジラの商業捕鯨を再開するよう提案した。ところが反捕鯨国は「いかなる捕鯨も認めない」と宣言し、反対多数で否決された。

　日本は「IWC締約国としての立場の根本的な見直しを行わなければならない」と反発。これまで脱退も含めた対応を検討していた。自民党内でも捕鯨推進を掲げる議員から、IWCからの脱退を求める強い要請が政府に出されていた。　　　　（日本経済新聞 2018.12.26）

図9　完了における時間関係

　例えば、(67)の「検討していた」「要請が政府に出されていた」は基準時としての「今年9月のIWC総会」よりも前であることを表している。

5.4　反事実

　次例のテイタ形は実際には起こらなかったこと(反事実)を表す[34]。

(68)　あのとき私が助けなければ、彼は死んでいた。(??死んだ)
(69)　あのときお金を持っていたら、そのカメラを買っていた。(?買った)

　したがって、(68)(69)と(68')(69')の文の真理値は各々等しい。

(68')　あのとき私が助けたので、彼は死ななかった。
(69')　あのときお金を持っていなかったから、あのカメラを買わなかった。

　こうした場合、(68')(69')のような理由文よりも、(68)(69)のような反事実文の方がその出来事が実現しなかったことに対する話し手／書き手の残念な気持ちが強く表される。
　なお、英語の反事実文との大きな違いは、日本語の場合は「タラ節／バ節」の存在が反事実の解釈にとっては必須であることである。

(69)　あのときお金があったら、そのカメラを買っていた。(反事実)
(70)　私はそのカメラを買っていた。(反事実不可。完了のみ)
(71)　I would have bought the camera (if I had had enough money).

例えば、(69) が反事実の解釈しか持たない一方、(69) からタラ節を除いた (70) には反事実の解釈はなく、完了としてしか解釈できない (なお、(70) は基準時を欠いているので、文脈から基準時が補えない限り非文となる)。

これに対し、(71) は if 節の有無にかかわらず、反事実の解釈となる。これは、英語には法助動詞 (modal auxiliary verb) が存在するのに対し、現代日本語にはそれが存在しないためである (cf. 庵 2014、Iori 2014)。

5.5　形容詞的用法

形容詞的用法というのは次のようなものである。

(72)　あの人は変わっ<u>ている</u>。
(73)　この道は曲がっ<u>ている</u>。
(74)　あの娘はきれいな目を<u>している</u>。

これらは現在の結果残存と似ているが、特定の変化時 (図 4 参照) が想定できない。産出面で注意すべきことは、これらは連体修飾節ではタ形になるのが普通である点である[35]。

(72')　{変わった／? 変わっている} 人
(73')　{曲がった／? 曲がっている} 道
(74')　{きれいな目をした／(?) きれいな目をしている} 娘

6.　日英語の対応

以上を踏まえて、日本語のテンス・アスペクト体系と英語のそれとの形態素レベルでの比較を試みる。

6.1　日本語のテンス・アスペクト体系

まず、前節までの議論を踏まえて、日本語のテンス・アスペクト体系をま

212 庵 功雄

とめると、次のようになる。

表2　日本語のテンス・アスペクト体系(2)(基本用法)

	完成相	未完成相			−ル／タ
		対立なし	進行中	結果残存	
	非状態動詞	状態動詞	非変化動詞	変化動詞 移動動詞	
未来	−る	−る	−ているだろう	−ているだろう	
現在	×	−る	−ている	−ている	観察時
過去	−た	−た	−ていた	−ていた	

表3　日本語のテンス・アスペクト体系(3)(派生用法)

	繰り返し	パーフェクト	完了	反事実	形容詞的	−ル／タ
未来	×	×	ているだろう	×	(ている)	
現在	ている	ている	(た)[36]	ている	ている	基準時
過去	ていた	×	ていた	ていた	ていた	

＊反事実の場合、従属節(バ節／タラ節)が必須
＊「−ル／タ」は、パーフェクト、完了、反事実では「基準時」として機能する

　ここで、日本語において、テンス・アスペクトを表す際に形態素レベルで使えるオプションは次の通りである。

(75) a. 「−テイ−」の有無
　　 b. 「−ル／タ」の解釈(観察時、基準時、恒時[37])
　　 c. 従属節の有無

　表2、表3からわかるように、日本語はこれらのオプションを使い分けることによって、テンス・アスペクト体系を表現している。

6.2　英語のテンス・アスペクト体系

　次に、表2、表3にならって英語のテンス・アスペクト体系をまとめると、次のようになる(詳しくは、庵 2019b、Iori 2018 参照)。

テンス・アスペクトの教育　213

表4　英語のテンス・アスペクト体系(1)(基本用法相当)[38]

	完成相	未完成相		
			進行中	結果残存
	非状態動詞	状態動詞	非変化動詞 移動動詞	変化動詞
未来	will+ 原形	will+ 原形	will be+ 現分	will be+ 過分
現在	×	現在形	is+ 現分	is+ 過分
過去	過去形	過去形	was+ 現分	was+ 過分

表5　英語のテンス・アスペクト体系(2)(派生用法相当)

	繰り返し	パーフェクト	完了	反事実
未来	×	×	will have+ 過分	×
現在	現在形	have+ 過分	have+ 過分	would+ 原形
過去	used to+ 原形	×	had+ 過分	would have+ 過分

6.3　対応の仕方

例えば、進行中・現在の場合、日英語の対応は次のようになる。

(76)　太郎が本を読んでい 　る 　。

(77)　Taro 　is 　reading a book.

すなわち、「－てい－」と"-ing"、「－る(観察時・現在)」と"is"が対応する。
一方、過去完了の場合は、次のようになる。

(78)　ホールに着いたとき、コンサートは始まってい 　た 　。

(79)　The concert 　had 　started when I arrived at the hall.

すなわち、「－てい－」と"have+ 過去分詞"が対応し、「－た(基準時・過去)」と"〈過去〉"が対応し、"have"と"〈過去〉"が融合して"had"となる。これらの結果、「－ていた」と"had+ 過去分詞"が対応することになる。
なお、反事実・過去(英語の仮定法過去完了)の場合は、次のようになる(庵

2014, 2020 予定 a、Iori 2014）。

（80）　あのときお金があったら、そのカメラを買っていた。　　　（=（69））

（81）　I would have bought the camera if I had had enough money.

　すなわち、（80）の主節は「過去」よりも1つ前の時間（過去完了）を表している（（80）の「－ていた」は（78）と同じ「過去完了」である）。これは（81）の主節と同様であり[39]、これが「－ていた」が反事実・過去を表せる理由であると考えられる。なお、日本語の場合、反事実の解釈が可能になるためには「タラ節／バ節」の存在が必須である（5.4節参照）。

　以上を踏まえ、表2と表4を比べると次のようになり、両者を比べると、結果残存以外はほぼ1対1対応していることがわかる。ただし、英語の「結果残存（be+過去分詞）」は受身ではない以上、「形容詞」相当であると考えざるを得ない。言い換えると、日本語では「動詞」の1用法であるものが英語では「形容詞」と認識されているということである（この点で、英語と中国語は類似しているのに対し、ブラジル・ポルトガル語は英語とは異なり、日本語と近い。注22参照）。

表2　日本語のテンス・アスペクト体系（2）（基本用法）

	完成相	未完成相			－ル／タ
		対立なし	進行中	結果残存	
	非状態動詞	状態動詞	非変化動詞	変化動詞 移動動詞	
未来	－る	－る	－ているだろう	－ているだろう	観察時
現在	×	－る	－ている	－ている	
過去	－た	－た	－ていた	－ていた	

テンス・アスペクトの教育　215

表4　英語のテンス・アスペクト体系(1)(基本用法相当)

	完成相	未完成相		
			進行中	結果残存
	非状態動詞	状態動詞	非変化動詞 移動動詞	変化動詞
未来	will+ 原形	will+ 原形	will be+ 現分	will be+ 過分
現在	×	現在形	is+ 現分	is+ 過分
過去	過去形	過去形	was+ 現分	was+ 過分

　一方、派生用法について日英語を比較すると次のようになり、両者は、「現在完了」と「繰り返し・過去」を除き、ほぼ1対1対応をすることがわかる[40]。

表3　日本語のテンス・アスペクト体系(3)(派生用法)

	繰り返し	パーフェクト	完了	反事実	形容詞的	－ル／タ
未来	×	×	ているだろう	×	(ている)	基準時
現在	ている	ている	(た)	ている	ている	
過去	ていた	×	ていた	ていた	ていた	

＊反事実の場合、従属節(バ節／タラ節)が必須

表5　英語のテンス・アスペクト体系(2)(派生用法相当)

	繰り返し	パーフェクト	完了	反事実
未来	×	×	will have+ 過分	×
現在	現在形	have+ 過分	have+ 過分	would+ 原形
過去	used to+ 原形	×	had+ 過分	would have+ 過分

7.　おわりに

　本稿では、テイル形、テイタ形を中心に、日本語のテンス・アスペクト形式を適切に産出できるようになるために必要な記述について述べた。また、その記述を踏まえ、日英語のテンス・アスペクト形式を用法ごとに形態素レベルで比較し、両者が「結果残存」を除いてほぼ1対1対応をしていること

を明らかにした。

　本稿の記述が正しければ、英語と類似のテンス・アスペクト形式を持つ言語と日本語との対照は、英語とその言語との比較を介して行うことが可能になる。このことは日本語教育の実践上の含意が大きいだけでなく、一般言語学的にテンス・アスペクトについて考える上でも意味を持つと考えられる。

注

1　本稿は、庵（2019b）、Iori（2018）の内容を踏まえたものである。また、本稿の内容を学習者向けに教材化したものに庵・清水（2016）がある。

2　本稿では、アスペクトを完成相（perfective）と未完成相（imperfective）の対立のレベルの問題に限定して論じる。つまり、寺村（1984）に二次アスペクトのみを扱い、同書の三次アスペクト（いわゆる Actionsart）は扱わない（三次アスペクトについては、森山（1984, 1988）、仁田（2009）を参照）。

3　タ形、テイル形、テイタ形は、工藤（1995）などではシタ形、シテイル形、シテイタ形と呼ばれている。

4　これは、理解のための文法が不要であるという意味ではない。理解のための文法は必要であるが、現状では、その基礎的研究として、母語話者の日本語理解過程の研究がほとんど進んでおらず、理解のための文法を構築できるだけの材料が揃っていないと考えられる。

5　現代日本語書き言葉均衡コーパス（BCCWJ）で「事由」と「理由」を、コーパス検索ツール中納言を用いてそれぞれ短単位検索し、レジスターによって整理すると次のようになる（法律＝特定目的・法律、白書＝特定目的・白書、国会＝特定目的・国会会議録。↑：有意に多い、↓：有意に少ない）。

	事由	理由
法律・白書・国会	378 ↑	2153 ↓
その他	677 ↓	17450 ↑
合計	1055	19603

　カイ二乗検定の結果は、$\chi^2(1)$=572.56、p<.001、ϕ =0.166 で、「事由」が法律、行政関係で有意に多く使われていることがわかる。

6　母語話者にとっても、文法に関する理解レベルの項目は存在するが、母語話者にとってはその数はそれほど多くない。しかし、非母語話者にとっての日本語教育においては、学習者のレベルにそくして、そのレベルにおいて産出できるようにするべき項目を厳選することが必要である。この点について詳しくは、庵（2015a, 2015b）、山内（2009, 2015）を参照されたい。

7　(2b) において、「モニターができる環境」とは、話しことばなら言い直し、書きことばなら推敲ができることを言う。なお、(2a)(2b) は文法理論が自律的に

(autonomously) 存在可能であるために必要であるだけでなく、言語教育が可能となるためにも「規範」として必要である(庵 2017)。

8 母語話者にとっての文法教育の意味については林(2013)も参照されたい。

9 同様のことは、日本語の「のだ」についても言える。「のだ」の意味が「説明」(他の用語でもよい)で統一的に説明できたとしても、それだけでは、(どのような場合に「のだ」を使えばよいのかという情報がないため)非母語話者が「のだ」を使うには不十分である。しかし、現在の「のだ」に関する研究ではこの点の問題意識が共有されているとは言えない(庵 2013 参照)。

10 「100%を目指さない文法」については、庵(2011b, 2015c, 2016)も参照。

11 φはそこに有形の要素がないことを表す。

12 本稿では、「パーフェクト」の範囲を工藤(1995)より限定して考える。この点については 5.2 節で論じる。

13 奥田(1978)と同様、「状態動詞」には金田一(1950)の「状態動詞」と「第4種の動詞」をともに含む。また、「似る」のように、形式上、ル形とテイル形の対立があってもアスペクト的意味が異ならないものはアスペクト的対立を持たない(奥田(1978)の用語では「偽アスペクト」)と考え、「状態動詞」に含める。

14 崔(2009)は(13b)と(13c)の差を認めていないが、冉(2019)では両者の間に明確な難易度の差があることが説得的に論じられている。

15 便宜上「観察する(見る)」と言うが、五官で感じられるもの全体を含む。

16 観察時を未来に移動させると、進行中・未来になる。
　　(14)c. 会社に着くとき、雨が降っているだろう。

17 進行中の場合と同様に、観察時が未来の場合(結果残存・未来)も考えられるが、用例の頻度は少ない。
　　(ア)明日部屋に入ったとき、グラスは割れているだろう。

18 ただし、中国語においても「着」が使われる場合には結果残存のテイル形の誤用は少ないことがわかってきている(稲垣 2015、西坂 2016)。この点を含め、中国語話者による結果残存の用法の習得に関する最新の研究については冉(2019)を参照されたい。

19 (20)は、次のように来客が事前に想定されている場合には使える。
　　(イ)(朝出かけるときに来客があることは知っていたが、既に帰ったと思っていたとき)お客さん、(まだ)いるの？
　こうした文法性の異なりについて詳しくは佐藤(2017)参照。

20 (21)は庵(2017)で提示した仮説を整理したものである。

21 英語に訳したときに "on" ではなく、"in" や "at" になる場所の場合は同じ「に」であっても「ある」の方が普通である。
　　(ウ)a. その公園には大きな銅像が {ある／(?)飾ってある}。
　　　　b. There is a big statue in the park.

22 トッフォリ(2017)は、陳(2009)が指摘している(19)(20)のような誤用がブラジ

ル・ポルトガル語話者にも見られることを指摘している。ただし、同論文が指摘しているように、ブラジル・ポルトガル語は結果残存の表し方においては、基本的に日本語と1対1の関係を持っており、この点は、中国語や英語と大きく異なる（むしろ、西日本の「ヨル・トル方言」に近い）。

23 小説の地の文のような語りのテキストでは、ル形とタ形のテンス的対立が中和し、ル形／タ形が表す完成相（perfective）と、テイル形／テイタ形が表す未完成相（imperfective）との対立が前面化する。この場合、完成相は出来事を進め物語の主筋を述べる前景（foreground）を表し、未完成相は出来事を進めず物語の副筋を述べる後景（background）を表す。

24 タクシスと結束性（cohesion）の関係については庵（2019a:9章）も参照。

25 本小節の内容に関してより詳しくは庵（2017:§6,7）を参照されたい。

26 こうした場合の「と思う」と「と思っている」の異なりについては橋本（2003）も参照されたい。

27 なお、主語が1人称で動詞が意志的なものである場合は、「（よ）うと思っている」を使う方が一般的である。

　　（エ）a. ×私は来週の留学生パーティーに参加すると思っている。
　　　　b. ○私は来週の留学生パーティーに参加しようと思っている。

28 これに関し益岡（2000:107）はパーフェクトのテイルとテアルの類似性を指摘した上で、「パーフェクト相を「効力の現存」という概念で規定するとすれば、シテアル（シテアッタ）のほうがその内容によりふさわしい」としている。

29 このことの反映として、「経験・記録」用法はほとんどの場合「現在」（＝「基準時」（工藤1995の用語では「設定時」）が現在（発話時）の場合）に限られる（「完了」の場合は、基準時は過去でも未来でもあり得る）。次の例はそうした稀な例の1つである。

　　（オ）しかし、現実は政党の勝利ではなく「不戦敗」だ。朝日新聞と朝日放送が2月に行った大阪市民世論調査では、橋下氏の出直し市長選に56%が反対した一方、それを上回る59%が、政党も「候補者を立てるべきだ」と回答していた。　　　　　　　　　　　　　　　　　　（朝日新聞デジタル 2014.3.24）

30 「経験・記録」には次のようにタ形に置き換えにくいものもある（井上2001）。

　　（カ）甲：乙さん、この間『「た」の言語学』を注文されましたね。
　　　　乙：えっ、そんな本注文したっけ？
　　　　甲：（注文の葉書を見せて）これ、乙さんの字ですよね。
　　　　乙：本当だ。確かに先月注文してる（?? 注文した）ね。

31 「食事をしていました」の「た」を「発見の「た」」と解釈すれば文法的だが、それはテイル形の場合と同じ解釈ではない。

32 ここで言う「完了」は、寺村（1984）が言う意味の「完了」とは異なる。本稿では、井上（2001, 2011）にしたがって、寺村（1984）が言う意味の「完了」は「実現想定時間」が関わる「過去」の解釈の1つにすぎず、タ形の「意味」として立てる必

要はないと考える。

33 「現在完了」を表すのはタ形であると考えられるが、これについては本稿では扱わない(cf. 庵 2015d)。

34 次のように、テイル形が現在の反事実を表すこともあるが、実例は少ない。

（キ）今お金を持っていたら、あのカメラを買っている。

35 連体修飾節内でこのようにテンスやアスペクトが中和することは一般的な現象であり、結果残存の場合にも同様の現象が見られる。

（ク）　コップが割れている。

（ケ）　このロープは切れている。

（ク'）{割れた／? 割れている} コップ

（ケ'）{切れた／? 切れている} ロープ

ただし、結果残存の場合は変化時が想定できるため、次のように言うことが可能である点が形容詞的用法との違いである。

（ク"）コップは昨日割れた(ようだ)。

（ケ"）このロープは少し前に切れた(ようだ)。

Cf. (72")# あの人は去年変わった(ようだ)。

(73")?? この道は 10 年前に曲がった(ようだ)。

なお、(72")が言える場合、「変わる」は「割れる、切れる、溶ける」などと同じ(主体)変化動詞である。

36 注 33 で述べたように、本稿では「現在完了」については扱わない。

37 「繰り返し」と「形容詞的用法」のテイル形における「－る」は特定の時点を指していないので、恒時(tenseless)と解釈できる。

38 「現分」は「現在分詞」、「過分」は「過去分詞」の略であり、"is" は Be 動詞現在形の代表形、"was" は Be 動詞過去形の代表形である。

39 (81)は直接法であれば、"I bought the camera." となり、"buy" は「過去形」になる。つまり、"(would) have bought" は直接法の時制より「1 つ前」の時間を表しているのである。

40 本稿では「現在完了」の扱いを保留するが、庵(2015d)の議論が正しければ、ここでも日英語は形態素レベルで 1 対 1 に対応すると言える。

参考文献

庵功雄(2002)「白川博之「外国人のための実用日本語文法」」『一橋大学留学生センター紀要』5、123–128、一橋大学

庵功雄(2010)「第 1 回 アスペクトをめぐって」『中国語話者のための日本語教育研究』創刊号、41–48、日中言語文化出版社

庵功雄(2011a)「日本語記述文法と日本語教育文法」森篤嗣・庵功雄編『日本語教育文法のための多様なアプローチ』1–12、ひつじ書房

庵功雄 (2011b)「100%を目指さない文法の重要性」森篤嗣・庵功雄編『日本語教育文法のための多様なアプローチ』79–100、ひつじ書房

庵功雄 (2012)『新しい日本語学入門 (第2版)』スリーエーネットワーク

庵功雄 (2013)『日本語教育、日本語学の「次の一手」』くろしお出版

庵功雄 (2014)「テイル形、テイタ形の意味・用法の形態・統語論的記述の試み」『日本語文法学会第15回大会発表予稿集』51–59

庵功雄 (2015a)「第1章日本語学的知見から見た初級文法シラバス」庵功雄・山内博之編『データに基づく文法シラバス』1–14、くろしお出版

庵功雄 (2015b)「第2章日本語学的知見から見た中上級文法シラバス」庵功雄・山内博之編『データに基づく文法シラバス』15–46、くろしお出版

庵功雄 (2015c)「「産出のための文法」に関する一考察」阿部二郎・庵功雄・佐藤琢三編『文法・談話研究と日本語教育の接点』19–32、くろしお出版

庵功雄 (2015d)「現代日本語におけるテンス・アスペクト体系についての一考察」第141回関東日本語談話会発表要旨

庵功雄 (2016)「「産出のための文法」から見た「は」と「が」」庵功雄・佐藤琢三・中俣尚己編『日本語文法研究のフロンティア』289–306、くろしお出版

庵功雄 (2017)『一歩進んだ日本語文法の教え方1』くろしお出版

庵功雄 (2018)『一歩進んだ日本語文法の教え方2』くろしお出版

庵功雄 (2019a)『日本語指示表現の文脈指示用法の研究』ひつじ書房

庵功雄 (2020b)「意味領域から考える日本語のテンス・アスペクト体系の記述」『言語文化』55、3–18、一橋大学

庵功雄 (2020予定a)「現代日本語のムードを表す形式についての一考察」庵功雄・田川拓海編『日本語のテンス・アスペクト研究を問い直す2 「している・した」の世界』ひつじ書房

庵功雄 (2020予定b)「現代日本語のテンス・アスペクト体系におけるテンス表示部分の機能について」庵功雄・田川拓海編『日本語のテンス・アスペクト研究を問い直す2 「している・した」の世界』ひつじ書房

庵功雄・清水佳子 (2016)『上級日本語文法演習 時間を表す表現』スリーエーネットワーク

稲垣俊史 (2013)「テイル形の二面性と中国語話者によるテイルの習得への示唆」『中国語話者のための日本語教育研究』4、29–41、日中言語文化出版社

稲垣俊史 (2015)「中国語話者による日本語のテンス・アスペクトの習得」『中国語話者のための日本語教育研究』4、50–60、日中言語文化出版社

井上優（2001）「現代日本語の「タ」―主文末の「…タ」の意味について―」つくば言語文化フォーラム（編）『「た」の言語学』97–163、ひつじ書房

井上優（2011）「動的述語のシタの二義性について」『国立国語研究所論集』1、21–34、国立国語研究所

奥田靖雄（1978）「アスペクトの研究をめぐって」松本泰丈編『日本語研究の方法』203–220、むぎ書房

金田一春彦（1950）「国語動詞の一分類」『言語研究』15、48–63

工藤真由美（1995）『アスペクト・テンス体系とテクスト』ひつじ書房

小林ミナ（2013）「日本語教育文法の研究動向」『日本語学』32–7、4–17、明治書院

崔亜珍（2009）「SRE理論から見た日本語テンス・アスペクトの習得研究」『日本語教育』142、80–90

佐藤琢三（2017）「知覚されていない〈過程〉とその言語化」『日本語／日本語教育研究』8、5–20、ココ出版

白川博之（2002a）「記述的研究と日本語教育」『日本語文法』2–2、62–80

白川博之（2002b）「外国人のための実用日本語文法」『言語』31–4、54–59、大修館書店

冉露芸（2017）「テイル形の使用における中国語話者の意識」『中国語話者のための日本語教育研究』4、46–60、日中言語文化出版社

冉露芸（2019）「文法教育における母語転移の研究―中国語話者のアスペクト・テンスの習得における発達パターンに着目して―」2019年度一橋大学言語社会研究科博士学位請求論文

高梨信乃（2014）「上級学習者のテイル形使用にみられる問題点」『日本語／日本語教育研究』5、29–46、ココ出版

高梨信乃・斎藤美穂・朴秀娟・太田陽子・庵功雄（2017）「上級日本語学習者に見られる文法の問題」『阪大日本語研究』29、159–185、大阪大学

陳昭心（2009）「「ある／いる」の「類義表現」としての「結果の状態のテイル」」『世界の日本語教育』19、1–15

張麟声（2001）『日本語教育のための誤用分析』スリーエーネットワーク

寺村秀夫（1984）『日本語のシンタクスと意味II』くろしお出版

トッフォリ・ジュリア（2017）「ブラジル・ポルトガル語を母語とする日本語学習者の結果残存のテイルの使用傾向に関する一考察」2016年度一橋大学言語社会研究科修士論文

西坂翔平（2016）「中国語話者による日本語のテンス・アスペクト習得研究」『日本語／日本語教育研究』7、133–148、ココ出版

仁田義雄 (2009)「第 12 章　日本語のアクチオンスアルト」『仁田義雄日本語文法著作選第 1 巻　日本語の文法カテゴリをめぐって』293–306、ひつじ書房

橋本直幸 (2003)「「と思っている」について―日本語母語話者と日本語学習者の使用傾向の違いから―」『日本語文法』3–1、35–48

林四郎 (2013)「『基本文型の研究』復刊の辞」『基本文型の研究』ひつじ書房から復刊

益岡隆志 (1987)『命題の文法』くろしお出版

益岡隆志 (2000)『日本語文法の諸相』くろしお出版

森山卓郎 (1984)「アスペクトの意味の決まり方について」『日本語学』3–12、70–83、明治書院

森山卓郎 (1988)『日本語動詞述語文の研究』明治書院

山内博之 (2009)『プロフィシエンシーから見た日本語教育文法』ひつじ書房

山内博之 (2015)「第 3 章話し言葉コーパスから見た文法シラバス」庵功雄・山内博之編『データに基づく文法シラバス』47–66、くろしお出版

Hopper, Paul, J. (1979) "Aspect and Foregrounding in Discourse", Talmy Givón (ed.) *Syntax and Semantics* 12. *Discourse and Syntax*. Academic Press.

Iori, Isao (2014) "Notes on the Subjunctive Mood in Modern Japanese", *Hitotsubashi Journal of Arts and Sciences.* 55–1, 45–57, 一橋大学

Iori, Isao (2018) "A Comparative Study of the Tense-Aspect System between Japanese and English: As a Basis of "Pedagogic Grammar of Japanese Using Learners' Knowledge of their Mother Tongue", *Hitotsubashi Journal Arts and Sciences.* 59–1, 1–16, 一橋大学

索引

A-Z

grounding 201
irrealis 123, 124, 133, 134, 136, 138, 139
realis 124, 139

あ

アスペクト的意味 163, 170, 178, 181, 182

い

意向主 78
意向形 75, 76, 78, 79, 86, 87, 93, 119
意志 42
意志形 79
意志性 76, 77, 80, 85–87, 90, 93, 99, 118, 120
意志動詞 75–78, 85, 91–93, 105, 117, 119, 120
位置変化動詞 198
1対1対応 215
移動動詞 172, 180, 198
意味制約 182
意味的類型からした事態のタイプ 57
意味分類 180
インターバル 26

う

動き 57
有情物 87, 112

え

遠視眼的な視野 160

か

カートグラフィー（Cartography） 16
開始時 27
蓋然性 132–138
学習者にとっての難易度 193
確信 67
確認 67
過去の一時点 178
語り 107, 111
可能形 80
〜がる 104, 118
感覚形容詞 88
感覚動詞 88
完結感 158, 159
完結性 175
完結相 55
観察時 178, 181, 193, 194
感じ手 75, 86
感情主 80, 109, 112–114, 120
感情形容詞 110, 113, 114, 116
感情動詞 88, 109–111, 113, 114, 116, 118, 121
慣性世界 28
完成相 26, 164, 168
間接経験 208
完了 146, 209

き

基準時 26, 178, 181, 209
既得情報 68

基本用法　191

く

空間　151, 152
偶然　94, 95, 99, 118
偶然性　93
繰り返し　205

け

経験・記録　165, 166, 207, 208
継続過程　168
継続相　164, 168
形容詞的用法　211
結果　173
結果残存　99, 195, 214
結果相　167
決心　45
結束的なテキスト　202
決定済みの予定　69
限界性　192
言語学研究会　55
現在推量　128, 132, 134, 135
顕在的な動きを表す場合のル形　67

こ

語彙的な意味　170
恒常的属性　79, 80, 82, 83, 87, 94, 105,
　107–109, 118
肯定的　77, 78
効力　174
個人差　82, 85–87, 92, 108
固定場面　146
コントローラブル　78
コントロール　85, 90, 92, 93

さ

差し迫った要求　44

三項対立型　164, 180
産出レベル　188

し

自覚　97, 99–101, 118
時間的限定性　57
時間の流れ　151, 152
時間副詞　8, 12
時空間　151, 152, 159
思考動詞　203
事象時　26
事象と時空間との関係　147
事象の形　146, 147, 156
事象の姿　151, 159
時制句　10, 11, 15
持続　146
持続相　55
自他　170, 176
シダイ節　8, 14
事態表示　63
事態表示のル形　63
実現　146
実現可能　120
実現可能性　93
実存相　148
視点　177
自動詞　169
シトル　171
自発　80
社会方言　86
習慣的な動作　149
終結時　27
授受動詞　118
主体変化　169
条件文　107–109
証拠性　133, 134
状態　57, 58, 151, 152, 196
状態維持　146
状態動詞　80
焦点構文　150

索引　225

所在文　143
ショル　171
自律的な変化　144
真偽判断の副詞　134, 135, 138
進行　146
進行相　164, 167
進行中　99
心理動詞　75, 87, 88, 117–121

す

遂行動詞　90
推測　117, 120
推測可能　91, 96, 118
推量　43

せ

静的動作　152, 156
接続法　123, 124, 129, 131, 134–138
全体事象　28

そ

総記　116
綜合化　125, 126
属性　57, 59
属性のル形・タ形　59
存在型　198
存在文　143, 155

た

大過去　177
タクシス　64, 201
タ形　54, 85, 97, 200
他動詞　169
他動詞の動作主ガ格句　9, 13
タラ節／バ節　210
だろう　127, 129–138
段階性・連続性　76, 119

段階性や連続性　87
単純形　79
断定保留　136, 137, 139

ち

地域方言　86
着脱他動詞　170, 172
直後未来を表す動き　69
直説法　123
直接経験　208
直接的な補足　68
直説法未来　127, 128, 130, 131, 134–138
直説法未来形　124, 128, 129

つ

常に成り立つ事態　66

て

てある　197
テイタ形　85, 97, 200
ている　197
テイル形　80, 85, 91, 92, 97, 99, 100
出来事時　163, 173
テスト　76, 103
テンス語形　54
テンス的側面　178, 179

と

動作　151, 152
動作性動詞　164, 169
動詞迂言句　127, 128
動詞の裸形式　148, 149
動的動作　152, 156
動補構造　144
時から解放されたル形　65

な

ナガラ節　13

に

二項対立型　164, 180
日本語教育文法　187
人称制限　111

の

のだ　217

は

パーフェクト　206
パーフェクト相　174
派生用法　191, 205
発話時　26, 163, 166, 167, 173, 175, 181
話し手の意図　71
場面　151
場面移行　146
場面性　159
反事実　210
反実仮想　45
反復・習慣　79, 105, 107–109, 118–120

ひ

比較の「は」　78
非状態動詞　80
非自律的な変化　144
否定的　77, 78, 93, 100, 101, 103, 104,
　　108, 118
ひとまとまり　175
非プロトタイプ的用法　134
非変化動詞　192
非母語話者にとっての文法　189, 190
100％を目指さない文法　191
頻度表現　149

ふ

不完成相　26
付帯状況　154
部分事象　30
普遍的事実　79, 105, 109, 120
不定法　3
〜ぶる　104, 118
プロトタイプ的用法　127, 129, 134
文法性判断テスト　80
文法能力　188

へ

平行移動　194
変化　144, 151, 152, 156, 196
変化完了　146
変化動詞　170, 172, 176, 180, 192

ほ

報告　107
法助動詞　211
母語話者にとっての文法　189

み

未実現　7
見通しの獲得　45
未来形　123, 128, 129, 131–133, 136
未来の事態　72

む

無意志動詞　76–80, 82, 85, 87, 93–96, 99,
　　100, 105, 106, 117–120
無情物　112
無テンス言語　145, 151, 159
無標　92

め

命令形　76

も

モダリティ形式　136–138
モダリティ的用法　129, 131
物語り的　87
物語文　86, 107, 111, 112, 118
物語文的　89, 92, 98

ゆ

有標　92

よ

予想可能　105
予測可能　93, 95, 96, 98, 109, 117–120
予測の元における未来のル形　72
予測不可能　99

り

理解レベル　188
リセット時　27

る

ル形　54, 75, 76, 78–80, 85, 92, 97, 99, 100, 119, 120

れ

歴史的現在　107

ろ

論文におけるモダリティ形式　204

執筆者紹介（五十音順　＊は編者）

有田節子（ありた　せつこ）

立命館大学・教授

『日本語条件文と時制節性』（くろしお出版、2007）、『日本語条件文の諸相―地理的変異と歴史的変遷』（編著、くろしお出版、2017）。

庵 功雄＊（いおり　いさお）

一橋大学・教授

『新しい日本語学入門―ことばのしくみを考える（第2版）』（スリーエーネットワーク、2012）、『日本語指示表現の文脈指示用法の研究』（ひつじ書房、2019）。

伊藤龍太郎（いとう　りゅうたろう）

一橋大学院言語社会研究科修士課程修了

『動詞のテイル形における進行中と結果残存とその連続性』（修士学位論文、2017）。

井上 優（いのうえ　まさる）

麗澤大学・教授

「日本語と中国語の真偽疑問文」（共著、『国語学』184、1996）、『相席で黙っていられるか―日中言語行動比較論』（岩波書店、2013）。

高 恩淑（こう　うんすく）

一橋大学、神田外語大学、聖心女子大学・非常勤講師

『日本語と韓国語における可能表現―可能形式を文末熟語とする表現を中心に』（ココ出版、2015）、「日本語と韓国語のアスペクト体系に関する一考察―徳島方言との対応関係を中心に」（『日本語文法』17-2、2017）。

田川拓海[*]（たがわ　たくみ）

筑波大学・助教

「分散形態論を用いた動詞活用の研究に向けて―連用形の分析における形態統語論的問題」（『活用論の前線』、くろしお出版、2012）、「動名詞の構造と「する」「させる」の分布―漢語と外来語の比較」（『日本語文法研究のフロンティア』、くろしお出版、2016）。

仁田義雄（にった　よしお）

大阪大学・名誉教授

『日本語のモダリティと人称』（ひつじ書房、1991）、『副詞的表現の諸相』（くろしお出版、2002）。

和佐敦子（わさ　あつこ）

関西外国語大学・教授

『スペイン語と日本語のモダリティ―叙法とモダリティの接点』（くろしお出版、2005）、「スペイン語接続法と事態認知」（『認知言語学論考 No.13』、ひつじ書房、2016）。

日本語のテンス・アスペクト研究を問い直す　第 1 巻
―「する」の世界

Reconsidering Tense and Aspect in Japanese Volume 1: The World of "suru"
Edited by Iori Isao and Tagawa Takumi

発行	2019 年 10 月 23 日　初版 1 刷
定価	4000 円＋税
シリーズ編者	庵功雄
編者	ⓒ 庵功雄・田川拓海
発行者	松本功
装丁者	坂野公一（welle design）
組版所	株式会社 ディ・トランスポート
印刷・製本所	株式会社 シナノ
発行所	株式会社 ひつじ書房
	〒 112-0011 東京都文京区千石 2-1-2　大和ビル 2 階
	Tel.03-5319-4916 Fax.03-5319-4917
	郵便振替 00120-8-142852
	toiawase@hituzi.co.jp　http://www.hituzi.co.jp/

ISBN978-4-89476-781-2

造本には充分注意しておりますが、落丁・乱丁などがございましたら、
小社かお買上げ書店にておとりかえいたします。ご意見、ご感想など、
小社までお寄せ下されば幸いです。

真田信治著作選集　シリーズ日本語の動態〈全4巻〉

第1巻　標準語史と方言
真田信治著　定価1,800円＋税

第2巻　地域・ことばの生態
真田信治著　定価1,600円＋税

第3巻　アジア太平洋の日本語
真田信治著　定価1,800円＋税

第4巻　ことばの習得と意識
真田信治著　定価1,800円＋税

ガイドブック日本語史調査法

大木一夫編　定価 2,200 円＋税

基礎日本語学

衣畑智秀編　定価 1,800 円＋税

ひつじ研究叢書（言語編）　第 122 巻

話し言葉と書き言葉の接点（並製）

石黒圭・橋本行洋編　定価 4,000 円＋税

ひつじ研究叢書（言語編）　第 129 巻

コミュニケーションへの言語的接近（並製）

定延利之著　定価 4,800 円＋税

ひつじ研究叢書（言語編）　第 148 巻

場面と主体性・主観性

澤田治美・仁田義雄・山梨正明編　定価 15,000 円＋税

ひつじ研究叢書（言語編）　第 158 巻

広東語文末助詞の言語横断的研究

飯田真紀著　定価 8,400 円＋税

ひつじ研究叢書（言語編）　第 111 巻

現代日本語ムード・テンス・アスペクト論

工藤真由美著　定価 7,200 円＋税

ひつじ研究叢書（言語編）　第 157 巻

日本語指示表現の文脈指示用法の研究

庵功雄著　定価 5,200 円＋税